KB200698

무엇이든지 기도하고 구하는 것은
받은 줄로 믿으라 그리하면 너희에게 그대로 되리라

막 11:24

50가지 기도의 영적 원리

기도학교

지은이 | 백용현
초판 발행 | 2016. 8. 8.
29쇄 발행 | 2025. 3. 5.
등록번호 | 제1988-000080호
등록된 곳 | 서울특별시 용산구 서빙고로 65길 38
발행처 | 사단법인 두란노서원
영업부 | 2078-3333   FAX | 080-749-3705
출판부 | 2078-3331

책값은 뒤표지에 있습니다.
ISBN 978-89-531-2606-0 03230   Printed in Korea

독자의 의견을 기다립니다.
tpress@duranno.com   www.duranno.com

두란노서원은 바울 사도가 3차 전도여행 때 에베소에서 성령 받은 제자들을 따로 세워 하나님의 말씀
으로 양육하던 장소입니다. 사도행전 19장 8-20절의 정신에 따라 첫째 목회자를 돕는 사역과 평신도를
훈련시키는 사역, 둘째 세계선교(TIM)와 문서선교 (단행본·잡지) 사역, 셋째 예수문화 및 경배와 찬양 사역,
그리고 가정·상담 사역 등을 감당하고 있습니다. 1980년 12월 22일에 창립된 두란노서원은 주님 오실
때까지 이 사역들을 계속할 것입니다.

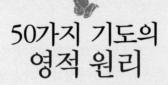

50가지 기도의
영적 원리

기도
학교

백용현 지음

두란노

기도의 불이 한국 교회에 일어날 것입니다

백용현 목사님과는 오랜 동안 목회자로서 교제해 왔습니다. 제게는 후배가 되지만 그 올곧은 생각과 성실한 목회로 늘 존경하는 분입니다.

어느 날 제게 기도학교 교재를 건네면서 감리 교회와 한국 교회가 기도하는 교회로 세워지기를 바라는 간절한 마음을 들려주셨습니다. 저는 목사님의 말씀에서 하나님의 음성을 듣는 것 같았습니다. 지금이야말로 한국 교회는 목회자, 성도 할 것 없이 다 기도하는 자리로 돌아가야 할 때라는 것입니다.

저 역시 목회하면서 가장 중요한 것이 기도이기에, 성도들에게 기도에 대하여 수도 없이 강조했습니다. 그러나 정작 기도에 대해 한 번도 제대로 가르치지 못하고 성경 여기저기서 기도에 대한 교훈만 조금씩 가르치고 설교한 것이 현실이었습니다. 언젠가 한번은 제대로 기도에 대해 가르쳐야겠다고 결심했지만 막상 시작하지 못하였습니다. 기도에 대한 책은 많으나 마땅한 기도 교재를 찾지 못했기 때문입니다.

그런 점에서 저는 백용현 목사님이 집필한《기도학교》를 살펴보며 참 기뻤습니다. 몇 가지 이유에서 이 책은 참으로 귀한 교재입니다. 우선, 기도에 대해 성경에 기록된 거의 모든 주제를 공부할 수 있도록 편집되어 있습니다. 기도가 인간의 의지와 태도의 문제가 아니라 하나님이 우리에게 어떻게 하시려는지를 성경을 통해 증거하고 있다는 데서 다른 교재들과는 확연히 구분됩니다. 바로 이 점이 이 책의 탁월함입니다. 철저히 성경에 근거한 기도 이론이 중요합니다.

또한, 목사님께서 오랫동안 목회하면서 실제 기도를 가르치고 목회 현장에서 검증을 거친 내용들을 총망라한 교재라는 것입니다. 그리고 불타는 사명감으로 이 교재를 가지고 여러 교회와 지방 집회를 인도하면서 많은 성도가 큰 은혜를 받았다는 점입니다. 집회를 통해 교회들마다 기도의 자리가 회복되었다는 놀라운 소식을 많이 들었습니다.

목사님께서 이런 교재를 집필하는 것도 존경스럽지만, 한국 교회가 기도하는 교회가 되기를 소원하는 불타는 사명감이 더욱 귀하게 느껴집니다. 그가 꿈꾸는 6000교회 기도학교의 비전이 반드시 이루어지리라고 믿고 함께 기도합니다.

목사님의 마음에 불을 주신 하나님께서 이《기도학교》를 통하여 기도로 한국 교회를 다시 일으키실 것을 기대합니다.

유기성 (선한목자교회 담임목사)

기도하는 사람에게 하늘의 복이 있습니다

성도의 기도는 하늘의 불말과 불병거를 호출하는 마패입니다. 암행어사는 누추한 차림으로 다니면서 지방 위정자들의 행실을 면밀히 살피다가 마침내 불의를 심판하는 날에 마패를 높이 들고 자신의 능력을 발휘합니다. 세상에서 성도들의 삶도 이와 같습니다. 세상의 눈으로는 볼품없는 사람 같지만 주님의 이름을 부를 때는 하나님의 능력을 입어 그 가치가 드러납니다. 암행어사가 마패로 그 지위를 입증하고 능력을 발휘하듯이 성도는 오직 예수 그리스도의 이름으로 기도함으로 능력을 나타냅니다.

기도는 하늘의 능력이 땅에 임하는 거룩한 길입니다. 기도는 기적을 상식으로 변화시키는 거룩한 능력입니다. 성경은 "무엇이든지 기도하고 구하는 것은 받은 줄로 믿으라 그리하면 너희에게 그대로 되리라"(막 11:24)고 말씀하십니다. 기도는 구하는 그대로 응답됩니다. 기도는 인간이 만든 방법이 아니라 하나님의 언약이기 때문에 반드시 이루어집니다. 기도가 퇴보하고 있다면 기도에 대한 바른 성경적 이해가 없기 때문입니다. 기도가 침체되어 있다면 기도를 배우는 노력을 멈추었기 때문입니다.

영적인 원리를 알아야 기도할 수 있습니다. 기도하여 얻는 복은 세상의 복과 다릅니다. 기도는 사람이 하지만 응답은 하나님이 하시기 때문입니다. 기도는 사람의 방법이 아니라 응답하시는 하나님의 능력입니다. 기도의 영적인 세계 속에 더 깊이 들어가면 내가 주님 안에 들어가고 주님이 내 안에 들어오는 놀라운 일을 경험하게 됩니다.

지난 한 해, 매일 새벽과 저녁에 기도회를 인도하는 동안 하나님께서 더 많은 영감을 주셔서 깨달음의 범위와 깊이를 풍성하게 하셨습니다.

365일 하루도 빠지지 않고 새벽과 저녁 기도회를 인도할 때 하나님은 더 큰 은혜를 부어 주셨습니다. 늘 기도의 자리에 머물 때마다 주님은 말씀하시고 능력을 입혀 주셨습니다.

그 자리에 함께한 성도들과 수많은 기도의 기적들을 경험했습니다. 이 땅에 사도행전의 부흥을 소망하며 오직 기도와 말씀의 자리에서 협력하고 기도한 성도들과 동역자들에게 많은 사랑의 빚을 졌습니다.

《기도학교》는 기도의 영적 원리에 대한 훈련 교재입니다. 주님께서 많은 집회와 현장 사역을 통하여 세밀하고 구체적인 내용들을 정리하게 하셨습니다. 지금까지 200가지 이상의 기도에 관한 주제들을 정리했고, 그중에서 가장 핵심적인 내용들을 《기도학교》에 담았습니다. 이 책을 통해 기도에 대한 50가지 영적 원리들을 배울 수 있을 것입니다.

기도는 하나님의 뜻이 이루어지는 것이고 하나님의 방법을 통해 그분의 뜻이 우리에게 보이는 것입니다. 기도는 사람의 생각과 경험을 초월하는 기적입니다.

《기도학교》를 통해 더 많은 사람들에게 기도의 문이 열리기를 기대합니다. 기도의 뜰에서 응답의 궁전으로 들어가기를 기도합니다. 눈물을 흘리며 기도하는 사람들이 기쁨으로 단을 거두기를 기도합니다. 이 책을 보는 사람마다 기도의 영으로 충만하기를 기도합니다.

2016년 7월
백용현 목사

《기도학교》의 특징

《기도학교》는 50가지 주제로 기도의 영적 원리를 배우는 책입니다. 대부분의 기도에 대한 책들은 기도에 관한 설교나 간증에 머물러 있습니다. 이 책은 성경 중심적인 기도의 영적 원리를 쉽게 풀어서 설명합니다. 이 책에는 4가지 특징이 있습니다.

첫째, 방법에 대한 연구에서 원리를 아는 법을 가르쳐 줍니다. 그동안 우리는 기도의 방법에만 집중했습니다. 방법은 반복될 뿐 성장하지 않습니다. 원리를 아는 사람은 시간이 흐르면 성장하고 성숙합니다. 성경적인 원리 없이는 수십 년 동안 기도해도 기도가 늘 그 언저리를 맴돌다가 지치고 맙니다.

둘째, 기도하는 사람의 열심에서 기도에 응답하시는 하나님에 대해 알게 해 줍니다. 기도는 하나님의 약속이며, 하나님이 응답하시는 것입니다. 하나님에 대한 바른 믿음이 중요합니다. 기도는 기도하는 사람의 성의나 노력의 문제가 아니라 기도에 응답하시는 하나님을 더욱 바르고 온전하게 알아 가는 일이 되어야 합니다.

셋째, 사람의 경험과 지식에 근거하는 것이 아닌, 성경 말씀에 근거하도록 합니다. 기도는 사람이 발견한 방법이 아니라 하나님이 우리에게 주신 언약입니다. 하나님의 제안이고 약속입니다. 그러므로 기도는 철저하게 하나님의 성경 말씀에 근거해야 합니다.

넷째, 기도하는 노력에 그치지 않고, 기도의 응답을 경험하게 합니다. 기도를 안 하던 사람이 기도를 하는 것은 중요합니다. 그러나 기도하는 사람들의 기도가 응답되는 것이 더 중요합니다. 기도는 능력입니다. 이 책은 기도의 실천적인 원리들을 통해 기도가 응답되는 길을 밝혀 주고 있습니다.

《기도학교》를 교회에서 활용하는 방법

• 50일 기도학교

교회가 50일을 정하여 전교인이 새벽이나 저녁에 특별기도회로 모여 말씀을 배우고 기도할 수 있습니다. 이것이 가장 보편적인 활용 방법입니다. 가능하면 새벽에 전한 말씀을 저녁에 반복해서 새벽에 참여하지 못한 분들이 저녁에 참여할 수 있도록 하면 활용의 폭을 넓힐 수 있습니다.

50일 기도학교는 이렇게 준비하면 좋습니다. 첫째, 기도학교 교재를 성도들이 함께 준비하십시오. 둘째, 50일 동안의 매일 주제를 미리 광고하십시오. 셋째, 성도들이 매일 강의 주제를 미리 예습하십시오. 넷째, 매일 각 장의 내용을 30분 정도로 요약하여 강의하고 30분 정도 성도들과 합심하여 기도하십시오. 다섯째, 50일 동안에 성도들이 구체적인 기도제목을 가지고 참여하게 하십시오. 기도를 지식으로 배우는 것에 머물지 않고 실천하는 과정 속에서 응답을 경험하게 됩니다. 여섯째, 매년 한 차례씩 반복하여 시행하십시오. 교회 안에 기도하는 사람이 해마다 더 많이 세워질 것입니다.

- **25일 기도학교**

  한 번에 50일을 진행하는 것이 부담스러울 수 있습니다. 그럴 경우에는 상반기 25일, 하반기 25일 나누어 진행해도 좋습니다. 나머지 방법은 50일 기도학교와 동일합니다.

- **금요 기도학교**

  매주 금요철야 기도회를 금요 기도학교로 진행하면 됩니다. 50가지 주제를 일 년 동안 매주 한 장씩 진행하면 됩니다.

- **중보 기도학교**

  교회 안에 중보기도자들을 훈련하는 교재로 활용해도 좋습니다. 일주일에 한 번씩 모여 50가지 주제를 배우면 일 년 동안 프로그램을 진행할 수 있습니다.

- **기도학교**

  제자훈련 과정으로 기도학교를 만들어서 자원하는 사람들을 집중적으로 훈련할 수 있습니다. 이런 과정을 통해 교회 안에 기도의 일꾼들을 세울 수 있습니다.

- **기도학교 부흥회**

  3일 동안 집중적으로 기도의 원리들을 배울 수 있습니다.

- **기도학교 수련회**

  전교인 수련회를 통해 기도학교를 집중적으로 배우는 것도 효과적입니다.

《기도학교》를 개인이 활용하는 방법

1) 매일 한 장씩 공부하기로, 50일 작정을 하십시오. 이 책은 한 번 읽고 끝나는 책이 아닙니다. 꾸준히 반복하다 보면 기도를 실천할 수 있게 됩니다.
2) 매일 한 장씩 50일 동안 50가지 영적인 원리를 읽으며 실천합니다. 50일 동안 집중적으로 지속하면 효과적입니다.
3) 그날 배운 기도는 매일의 삶 속에서 실천하도록 노력합니다.
4) 50일 동안 매일 30분 책을 읽고 30분 기도하는 훈련을 합니다.
5) 가능한 혼자 기도할 수 있는 구별된 장소에서 진행합니다.
6) 매일 기도 노트에 기도제목을 기록하면서 기도합니다.
7) 매일 정해진 순서에 따라 실행하십시오. 찬송으로 시작하여 그날 말씀을 위해 기도하고, 각 장의 내용과 해당되는 말씀 읽은 다음 그날 배운 말씀을 가지고 30분 기도하면 됩니다.

차례

1장 기도의 축복

삼상 9:14-17

14 그들이 성읍으로 올라가서 그리로 들어갈 때에 사무엘이 마침 산당으로 올라가려고 마주 나오더라

15 사울이 오기 전날에 여호와께서 사무엘에게 알게 하여 이르시되

16 내일 이맘 때에 내가 베냐민 땅에서 한 사람을 네게로 보내리니 너는 그에게 기름을 부어 내 백성 이스라엘의 지도자로 삼으라 그가 내 백성을 블레셋 사람들의 손에서 구원하리라 내 백성의 부르짖음이 내게 상달되었으므로 내가 그들을 돌보았노라 하셨더니

17 사무엘이 사울을 볼 때에 여호와께서 그에게 이르시되 보라 이는 내가 네게 말한 사람이니 이가 내 백성을 다스리리라 하시니라

1장 기도의 축복

::   기도는 하나님이 주시는 복입니다. 하나님께서 주시고자 하는 것을 얻는 것입니다. 기도는 하나님의 보좌 앞에 나아갈 수 있는 은총이며, 기도의 자리에서 우리는 하나님의 부요함을 누립니다. 기도는 하나님의 보물 창고를 여는 열쇠이고, 하늘 아버지께서 자녀에게 주신 서명된 보증수표입니다. 기도는 하나님의 약속을 내 것으로 만드는 자녀의 권세입니다. 기도는 '감사함으로 그의 궁정에 들어가는 것'이고, 인간을 통해 일하시는 하나님의 능력입니다. 기도는 인간이 하나님의 능력을 공급받는 통로입니다.

하나님은 자녀가 약함을 인정하고 간절히 기도할 때 그 중심을 보시고 능력으로 역사하십니다. 기도는 무릎의 능력이며, 아버지의 보좌를 움직이는 능력입니다. 기도는 하나님께서 우리에게 주시는 복, 세상이 줄 수 없는 가장 큰 복입니다. 그래서 믿음의 사람들은 오직 기도에 힘쓰며 살아간다는 특징을 가지고 있습니다.

마음을 같이하여 오로지 기도에 힘쓰더라(행 1:14).

그들이 사도의 가르침을 받아 서로 교제하고 떡을 떼며 오로지 기도하기를 힘쓰니라(행 2:42).

우리는 오로지 기도하는 일과 말씀 사역에 힘쓰리라(행 6:4).

사울은 나귀를 잃고 하루 종일 고생하다가 선지자 사무엘을 찾아갔습니다. 하나님은 사울이 오기 하루 전에 사무엘에게 "내일 사울을 보내면 그에게 기름을 부어 이스라엘의 왕으로 삼으라"고 말씀하셨습니다. 사울이 나귀를 찾기 위해 사무엘을 찾아가기 전에 이미 하나님께서는 계획을 가지고 계셨습니다.

사울은 나귀를 찾기 위해 선지자를 찾아간 것입니다. 그런데 하나님은 사울을 왕으로 세우려고 불렀습니다. 성도는 그저 자신의 문제를 해결하기 위해 기도하지만 응답하시는 하나님은 그분의 뜻을 이루십니다. 사울은 기도하여 그가 생각하지 못한 놀라운 복을 받았습니다. 기도가 축복입니다.

기도에는 세 가지의 복이 있습니다.

기도하는 사람이 복입니다

내일 이맘때에 내가 베냐민 땅에서 한 사람을 네게로 보내리니 너는 그에게 기름을 부어 내 백성 이스라엘의 지도자로 삼으라 그가 내 백성을 블레셋 사람들의 손에서 구원하리라 내 백성의 부르짖음이 내게 상달되었으므로 내가 그들을 돌보았노라 하셨더니(삼상 9:16).

사울이 기도하기 하루 전에 하나님께서는 사무엘에게 사울을 보내겠다고 먼저 말씀하셨습니다. 하나님께서 기도하게 하시므로 그리스도인들이 기도를 하는 것입니다. 기도는 하나님께서 먼저 시작하십니다. 사무엘을 만나고 싶은 마음이 든 것은 사울의 마음이 아니라 하나님께서 주신 마음입니다. 16절에 내일 사울을 보내리라고 하셨습니다. 그리스도인이 기도하는 것은 하나님께서 주신 마음 때문입니다.

기도는 하나님께서 시키시는 일입니다. 기도는 하나님께서 시작하신 일이기 때문에 반드시 응답됩니다.

기도 응답이 복입니다

사울이 오기 전날에 여호와께서 사무엘에게 알게 하여 이르시되 내일 이맘때에 내가 베냐민 땅에서 한 사람을 네게로 보내리니 너는 그에게 기름을 부어 내 백성 이스라엘의 지도자로 삼으라(삼상 9:15-16).

하나님은 이미 응답하실 준비가 되셨기 때문에 그리스도인들로 하여금 기도하게 만드는 것입니다. 기도해야 응답이 있는 것이 아니라 주실 응답이 먼저 있기 때문에 기도하도록 이끄십니다. 사울을 사무엘에게 보내는 것은 하나님께서 이미 사울을 왕으로 결정하셨기 때문입니다. 사울을 왕으로 세우기로 정하시고 사울을 부르십니다. 하나님은 이미 응답을 마련해 두시고 그리스도인들에게 기도를 시키시는 것입니다.

구하라 그리하면 너희에게 주실 것이요 찾으라 그리하면 찾아낼 것이요 문을 두드리라 그리하면 너희에게 열릴 것이니(마 7:7).

"구하라 그리하면 주실 것이요"라는 말씀은 구하면 주신다는 의미가 아니라 주실 것이 이미 준비되었기에 구하라고 하시는 것입니다. 모든 기도에는 이미 응답이 예비되어 있습니다.

하나님의 뜻이 이뤄지는 것이 복입니다

사무엘이 사울을 볼 때에 여호와께서 그에게 이르시되 보라 이는 내가 네게 말한 사람이니 이가 내 백성을 다스리리라 하시니라(삼상 9:17).

기도는 사람이 하지만 기도 응답은 하나님의 뜻으로 이루어집니다. 기도는 하나님의 뜻이 이루어지는 일입니다. 사울을 왕으로 세우는 것은 하나님의 계획이었습니다. 나귀를 찾는 것은 사울의 소원이었습니다. 사울은 나귀를 찾는 일이라는 절박한 기도 제목을 가지고 사무엘에게 나아갔지만 하나님은 사울을 왕으로 세우시려는 뜻을 이루기 위해 사울을 기도하게 하셨습니다.

그리스도인이 기도하는 것은 하나님의 뜻이 먼저 있었기 때문입니다. 그 기도를 통해 하나님께서 하나님의 뜻을 이루십니다. 기도는 하나님께서 시작하시고 하나님의 뜻을 이루는 방법이기에 반드시 응답됩니다. 기도는 전적인 하나님의 복입니다.

오늘의 기도

오늘부터 50일 기도의 여정을 시작합니다. 기도의 축복을 누리는 은혜의 시간이 되게 하옵소서. 기도를 더 온전히 알고, 더 기도하기 원합니다. 능력 있는 기도자가 되기 원합니다. 기도의 문이 열리고, 응답의 문이 열리고, 기적의 문이 열리게 하옵소서. 말씀과 기도에 전무할 수 있도록 인도하옵소서.

2장 기도의 능력

왕하 4:1-7

1 선지자의 제자들의 아내 중의 한 여인이 엘리사에게 부르짖어 이르되 당신의 종 나의 남편이 이미 죽었는데 당신의 종이 여호와를 경외한 줄은 당신이 아시는 바니이다 이제 빚 준 사람이 와서 나의 두 아이를 데려가 그의 종을 삼고자 하나이다 하니

2 엘리사가 그에게 이르되 내가 너를 위하여 어떻게 하랴 네 집에 무엇이 있는지 내게 말하라 그가 이르되 계집종의 집에 기름 한 그릇 외에는 아무것도 없나이다 하니

3 이르되 너는 밖에 나가서 모든 이웃에게 그릇을 빌리라 빈 그릇을 빌리되 조금 빌리지 말고

4 너는 네 두 아들과 함께 들어가서 문을 닫고 그 모든 그릇에 기름을 부어서 차는 대로 옮겨 놓으라 하니라

5 여인이 물러가서 그의 두 아들과 함께 문을 닫은 후에 그들은 그릇을 그에게로 가져오고 그는 부었더니

6 그릇에 다 찬지라 여인이 아들에게 이르되 또 그릇을 내게로 가져오라 하니 아들이 이르되 다른 그릇이 없나이다 하니 기름이 곧 그쳤더라

7 그 여인이 하나님의 사람에게 나아가서 말하니 그가 이르되 너는 가서 기름을 팔아 빚을 갚고 남은 것으로 너와 네 두 아들이 생활하라 하였더라

2장 기도의 능력

::   기도는 능력입니다. 그러나 모든 사람이 기도의 능력을 누리지는 못합니다. 기도는 육적으로는 힘들고 어렵지만 영적으로 유익하기 때문에 어려움을 이기는 노력이 필요합니다.

입에 좋은 음식과 몸에 좋은 음식을 생각해 보십시오. 입에 좋은 음식은 먹을 때는 즐겁지만 몸에는 해로울 수 있습니다. 몸에 좋은 음식은 맛이 덜 좋을 수 있습니다.

기도는 영적인 원리를 따라야 합니다. 기도는 육적인 본성대로 할 수 있는 것이 아닙니다. 하나님의 말씀을 따라야 합니다. 기도는 사람이 하지만 기도의 응답은 하나님으로부터 옵니다. 응답은 하나님께서 하시는 것이고 영적인 것입니다.

기도는 최고의 능력입니다

선지자의 제자들의 아내 중의 한 여인이 엘리사에게 부르짖어 이르되

당신의 종 나의 남편이 이미 죽었는데 당신의 종이 여호와를 경외한 줄
은 당신이 아시는 바니이다 이제 빚 준 사람이 와서 나의 두 아이를 데려
가 그의 종을 삼고자 하나이다 하니 (왕하 4:1).

선지자의 아내는 가난한 사람이었습니다. 빚이 많았습니다.
이제 어디에서도 도움을 받을 수가 없습니다. 오직 기도 외에는
다른 길이 없습니다. 그런데 마지막 남은 길이던 기도가 가장 완
전한 길이었습니다. 더 이상 다른 길이 없을 때 유일한 길이 열
립니다.

열두 해 동안 혈루증을 앓던 여인도 그랬습니다. 의사를 찾아다
니면서 가산을 탕진하고 더 이상 길이 없어서 주님을 찾아갑니다.
그런 여인을 주님께서 완전히 치유해 주셨습니다.

밤새도록 베드로는 물고기를 한 마리도 잡지 못했습니다. 그런
데 아침에 예수님의 말씀을 따라 깊은 데에 그물을 내리자 물고기
를 배 두 척에 가득 실을 정도로 잡았습니다.

사람에게는 많은 길이 있습니다. 그러나 구원을 얻을 유일한 길
은 오직 주님이십니다. 사람에게는 많은 가능성이 있습니다. 그러
나 풍성함을 누릴 언약의 길은 오직 한 길, 예수 그리스도이십니다.

마지막 남은 길, 기도의 길이 가장 완전한 길입니다. 기도하는
사람은 자신의 능력이 완전히 고갈되었을 때에 기도의 자리에 갑
니다. 그때 기도는 우리의 능력을 초월하여 역사합니다. 기도는
최후의 방법이지만 최고의 능력이 임하는 자리입니다.

기도는 무제한적 능력입니다

이르되 너는 밖에 나가서 모든 이웃에게 그릇을 빌리라 빈 그릇을 빌리

되 조금 빌리지 말고(왕하 4:3).

선지자는 여인에게 이웃에게 빈 그릇을 많이 빌려 오라고 했습니다. 그릇을 빌려 온 만큼 기름이 채워졌습니다. 왜 그릇을 빌려와야 했을까요? 여인의 집에 있는 그릇으로는 모자라기 때문입니다. 내가 소유한 그릇보다 빌려 오는 그릇이 더 많습니다. 내가 가진 능력보다 주님께 빌려 쓰는 권세가 더 큰 그릇입니다. 기도는 빈 그릇을 빌려 오는 것입니다. 나의 그릇을 사용하는 것이 아닙니다.

영접하는 자 곧 그 이름을 믿는 자들에게는 하나님의 자녀가 되는 권세

를 주셨으니(요 1:12).

기도는 능력이 아니라 권세입니다. 기도는 나의 힘을 사용하는 것이 아니라 주님의 힘을 빌려 사용하는 것입니다. 기도는 예수님의 이름으로 구하는 것입니다.

기도는 하나님의 능력입니다

그릇에 다 찬지라 여인이 아들에게 이르되 또 그릇을 내게로 가져오라

하니 아들이 이르되 다른 그릇이 없나이다 하니 기름이 곧 그쳤더라(왕

하 4:6).

그릇을 준비한 만큼 기름이 채워지고 그쳤습니다. 더 많은 그릇을 준비했으면 더 많은 기름이 채워졌을 것입니다. 기름이 부족한 것이 아닙니다. 그릇이 부족하였습니다. 기도는 하나님의 능력입니다. 하나님의 능력은 우리가 구하는 대로 임합니다.

기도의 분량만큼 응답의 분량이 채워집니다. 기도를 오래 하면 더 많은 응답을 받습니다. 기도 시간이 짧으면 우선 급한 기도만 하고 맙니다. 기도 시간이 길어지면 기도를 충분히 할 수 있습니다. 기도 시간이 짧으면 내 필요만을 기도하지만 기도 시간이 길어지면 하나님께서 시키시는 기도를 하게 됩니다. 만약 1시간 기도하고 있다면 내가 생각하고 필요한 기도를 하는 것만으로도 시간이 부족할 것입니다. 3시간 기도하면 내가 생각한 기도를 모두 하고도 시간이 남습니다. 그때부터 전혀 새로운 기도의 국면에 접어듭니다.

이전까지만 해도 내가 생각하던 기도를 했는데, 이제부터는 기도의 제목을 찾게 됩니다. 이제 청원하는 기도가 아니라 청종하는 기도를 하기 시작합니다. 입으로 하는 기도에서 귀로 듣는 기도로 차원이 달라집니다. 하늘로 올리는 기도를 하다가 이젠 하늘에서 내려오는 음성에 귀 기울이게 됩니다.

오늘의 기도

기도의 축복을 깨닫게 하시니 감사합니다. 기도자로 살게 하시는 은혜를 감사합니다. 제 기도가 땅에서 누리는 하늘의 능력이 되게 하옵소서. 하나님의 임재 앞에 무릎 꿇는 참된 기도가 되게 하소서. 영혼의 새 옷으로 갈아입게 하시고 말씀의 갑옷으로 나를 강하게 하소서. 날마다 하늘의 영광으로 충만하게 하옵소서.

3장 기도의 언약

마 16:18-19

¹⁸ 또 내가 네게 이르노니 너는 베드로라 내가 이 반석 위에 내 교회를
세우리니 음부의 권세가 이기지 못하리라

¹⁹ 내가 천국 열쇠를 네게 주리니 네가 땅에서 무엇이든지 매면 하늘에
서도 매일 것이요 네가 땅에서 무엇이든지 풀면 하늘에서도 풀리리
라 하시고

기도의 언약

::   기도 생활에서 실패하면 인생도 실패합니다. 하나님은 기도를 통해서만 인간을 도우실 수 있기 때문입니다. 기도하지 않는 그리스도인은 스스로 하나님의 도우심을 포기하는 것입니다. 기도를 통해 능력을 공급받아야 그리스도인의 삶을 능력 있게 살아갈 수 있습니다.

하나님께서 인간을 다스리시는 원리는 분명합니다. 기도하는 사람을 도우시며, 기도하는 사람에게 능력을 주시며, 기도하는 사람의 인생을 승리하게 하시며, 하나님 스스로 기도하는 사람을 통해 영광을 받으십니다. 기도는 하나님과 연결된 끈이며, 하나님의 목적과 계획들은 기도에 의해 이루어집니다. 이 세상에서 하나님께서 일으키시는 위대한 역사들은 모두 기도로 완성되었습니다.

기도는 주님이 주신 능력입니다

내가 천국 열쇠를 네게 주리니 네가 땅에서 무엇이든지 매면 하늘에서

도 매일 것이요 네가 땅에서 무엇이든지 풀면 하늘에서도 풀리리라 하
시고(마 16:19).

주님은 베드로에게 천국 열쇠를 주셨습니다. 하늘나라의 열쇠
입니다. 기도라는 열쇠입니다. 그리스도인의 기도는 주님이 주신
능력입니다. 주님은 기도의 열쇠를 통해 무엇이든지 매고 풀 수
있다고 하셨습니다.

그리스도인에게는 기도만이 가장 큰 능력입니다. 그리스도인은
기도 골방에 들어가서 문을 걸어 잠그고 무릎을 꿇어야 합니다. 기
도의 골방은 세상에서 가장 좁은 방이지만 사실은 하늘 문이 열리
는 가장 넓은 방입니다.

기도는 사탄을 이기는 가장 강한 무기입니다

집에 들어가시매 제자들이 조용히 묻자오되 우리는 어찌하여 능히 그
귀신을 쫓아내지 못하였나이까 이르시되 기도 외에 다른 것으로는 이런
종류가 나갈 수 없느니라 하시니라(막 9:28-29).

그리스도인에게는 기도가 가장 강한 무기입니다. 적들은 언제
나 상대편의 가장 강한 곳을 공격합니다. 그리스도인의 적인 사탄
역시 기도의 위력을 잘 압니다. 그래서 우리의 무기인 기도를 빼
앗으려 안간힘을 씁니다. 그리스도인들의 삶 속에 침투하여 기도
를 무력화시키는 것입니다. 무장해제된 군인은 전쟁에서 포로가
되거나 패잔병이 되고 맙니다. 그리스도인들은 영적 전쟁터에 투
입된 십자가 군병들입니다. 유일한 무기는 오직 기도뿐입니다. 기

도로 모든 것을 공급받아야만 합니다.

교회와 가정에서 기도를 잠들게 하면 교회와 가정은 종이호랑이에 불과하고 사탄의 놀이터가 됩니다. 물고기는 물속에 살아야 하듯이 하나님의 자녀들은 기도 속에 머물러야 합니다. "왜 기도해야 하느냐"고 묻는 것은 "왜 물고기가 물속에서 살아야 하느냐?"라고 질문하는 것과 같습니다. 물고기가 물을 떠나면 죽듯이, 그리스도인들이 기도를 멈추거나 게을리하면 그리스도인의 영성과 능력을 잃고 맙니다.

교회마다 기도의 불이 꺼져 가고 있습니다. 기도의 자리가 비고 기도의 시간이 줄고 있습니다. 그나마 하는 기도조차 건성과 타성에 빠지고 애절함이나 간절함이 식고 있습니다. 많은 성도들이 오래 기도하지 못합니다. 자주 기도하지 못합니다. 기도의 제목이 태산 같은데 실제로 기도의 양은 10분도 안 되는 경우가 많습니다. 부르짖어야 하는데 실제로 부르짖지 못합니다. 눈물로 통곡하면 해결되는 것을 아는데 눈물이 흐르지 않습니다.

사탄은 오늘날 그리스도인들을 바쁘게 살도록 조장하고 있습니다. 기도할 시간이 없다고 말하게 하며 피곤해서 기도할 수 없다고 합리화하게 만듭니다. 사탄은 기도를 안 하게 만드는 대신에 우리와 거래를 하려고 합니다. 기도하지 않아도 물질적으로 안정되고 육체적으로 편안하게 해 줍니다. 재미있고 즐거운 일들로 만족하게 합니다.

그러나 세상에 기도를 대신할 것은 아무것도 존재하지 않습니다. 기도는 기도로 채워야 하고, 기도는 기도로 풀어야 합니다.

기도를 통해 하나님의 능력이 임합니다

그가 이러한 명령을 받아 그들을 깊은 옥에 가두고 그 발을 차꼬에 든든히 채웠더니 한밤중에 바울과 실라가 기도하고 하나님을 찬송하매 죄수들이 듣더라 이에 갑자기 큰 지진이 나서 옥터가 움직이고 문이 곧 다 열리며 모든 사람의 매인 것이 다 벗어진지라 (행 16:24-26).

바울과 실라가 기도하자 빌립보 감옥이 무너졌습니다. 기도하면 능력이 나타납니다.

여호와여 내게 응답하옵소서 내게 응답하옵소서 이 백성에게 주 여호와는 하나님이신 것과 주는 그들의 마음을 되돌이키심을 알게 하옵소서 하매 이에 여호와의 불이 내려서 번제물과 나무와 돌과 흙을 태우고 또 도랑의 물을 핥은지라 (왕상 18:37-38).

엘리야가 기도하자 갈멜산에 여호와의 불이 임하였습니다. 기도하면 하나님의 능력이 임합니다.

오늘의 기도

기도의 자리로 부르시는 주님을 찬양합니다. 기도와 말씀의 더 깊은 자리로 나아갑니다. 응답하시는 주님을 찬양합니다. 치료하시는 주님을 찬양합니다. 오늘도 주님 때문에 건널 수 없는 강을 건너게 하시고, 갈 수 없는 길을 가게 하시고, 믿을 수 없는 것을 믿게 하시고, 사랑할 수 없는 것을 사랑하게 하옵소서.

4장 절대적 기도

삼하 15:30-31

³⁰ 다윗이 감람산 길로 올라갈 때에 그의 머리를 그가 가리고 맨발로 울며 가고 그와 함께 가는 모든 백성들도 각각 자기의 머리를 가리고 울며 올라가니라

³¹ 어떤 사람이 다윗에게 알리되 압살롬과 함께 모반한 자들 가운데 아히도벨이 있나이다 하니 다윗이 이르되 여호와여 원하옵건대 아히도벨의 모략을 어리석게 하옵소서 하니라

4장 절대적 기도

::   기도에 응답하는 분은 오직 하나님이시기 때문에, 문제가 무엇이든지 오직 기도해야 합니다. 인생을 살면서 겪는 문제들은 모두 상대적입니다. 어떤 문제가 생길지 모릅니다. 기도하는 사람은 비록 문제가 무엇인지는 모르지만 답은 알고 있는 사람들입니다. 주님만이 답입니다.

주님께서 "내가 길이요 진리요 생명이다"라고 말씀하셨습니다. 인생의 문제는 다양하지만 답은 오직 하나라는 것입니다. 주님이고 기도입니다. 문제는 상대적이지만 기도는 절대적입니다.

내가 천국 열쇠를 네게 주리니 네가 땅에서 무엇이든지 매면 하늘에서도 매일 것이요 네가 땅에서 무엇이든지 풀면 풀리리라 하시고(마 16:19).

너희가 기도할 때에 무엇이든지 믿고 구하는 것은 다 받으리라 하시니라 (마 21:22).

그러므로 내가 너희에게 말하노니 무엇이든지 기도하고 구하는 것은 받은 줄로 믿으라 그리하면 너희에게 그대로 되리라(막 11:24).

내 이름으로 무엇이든지 내게 구하면 내가 행하리라(요 14:14).

너희가 내 안에 거하고 내 말이 너희 안에 거하면 무엇이든지 원하는 대로 구하라 그리하면 이루리라 (요 15:7).

이 말씀들의 공통점은 "무엇이든지"입니다. 문제가 무엇이든지 하나님은 응답하시는 분입니다. 문제를 두려워하지 말고 응답하시는 주님을 신뢰해야 합니다. 문제가 무엇이든지 기도는 절대적입니다. 기도는 절대적인 능력입니다.

다윗에게는 도울 자가 하나도 없습니다

다윗이 감람산 길로 올라갈 때에 그의 머리를 그가 가리고 맨발로 울며 가고 그와 함께 가는 모든 백성들도 각각 자기의 머리를 가리고 울며 올라가니라 (삼하 15:30).

이 성경구절에 나오는 다윗의 모습이 특이합니다. 우선, 다윗은 감람산 길로 올라갑니다. 궁전에 있어야 할 왕이 산길로 올라갑니다. 머리를 가리고 신발도 신지 못한 채 맨발로 다급하게 갑니다. 울면서 가는 다윗을 따라 모든 백성들도 머리를 가리고 울며 올라갑니다.

무슨 일이 일어났습니까? 아들 압살롬이 반란을 일으킨 것입니다. 다윗은 궁전에서 쫓겨났습니다. 아무런 해결책이 보이지 않습니다. 놀랍게도 다윗의 신하였던 아히도벨도 모반한 자들 가운데 있다고 합니다 (삼하 15:31). 다윗의 신하였던 아히도벨이 아들 압살롬의 반란을 주도한 것입니다. 다윗은 더 이상 아무것도 할 수 없습니다. 아들과 신하에게 배신당한 다윗은 이제 아무것도 할 수 없는 사람입니다. 다윗은 머리를 풀고 맨발로 울면서 산을 올라갑니다. 다윗은 인간적으로 아무것도 할 수 없습니다. 사람들 가운데서는 다윗을 도울 자가 한 사람도 없습니다. 그런데 그는 그 피난길에 하나님께 기도합니다.

> 여호와여 원하옵건대 아히도벨의 모략을 어리석게 하옵소서(삼하 15:31).

과연 이런 기도가 어떤 힘이 있을까요? 기도는 하나님께서 들으십니다. 성경은 우리에게 놀라운 일들을 들려줍니다. 다윗의 기도 후에 어떤 일이 벌어지는지 보십시오. 압살롬은 지금 아버지 다윗을 잡을 방도를 찾기 위해 그의 부하들과 함께 있습니다.

아히도벨의 제안이 유리합니다

아히도벨이 또 압살롬에게 이르되 이제 내가 사람 만 이천 명을 택하게 하소서 오늘 밤에 내가 일어나서 다윗의 뒤를 추적하여 그가 곤하고 힘이 빠졌을 때에 기습하여 그를 무섭게 하면 그와 함께 있는 모든 백성이 도망하리니 내가 다윗 왕만 쳐죽이고 모든 백성이 당신께 돌아오게 하리니 모든 사람이 돌아오기는 왕이 찾는 이 사람에게 달렸음이라 그리하면 모든 백성이 평안하리이다 하니 압살롬과 이스라엘 장로들이 다 그 말을 옳게 여기더라(삼하 17:1-4).

아히도벨의 제안을 보십시오. 첫째, 군사 만 이천 명만 출동하자고 합니다. 둘째, 오늘 밤에 당장 추격할 것을 제안합니다. 셋째,

다윗 왕만 죽이면 된다고 합니다.

반면 후새의 제안은 어떻습니까?

후새의 제안은 불리합니다

나는 이렇게 계략을 세웠나이다 온 이스라엘을 단부터 브엘세바까지 바
닷가의 많은 모래 같이 당신께로 모으고 친히 전장에 나가시고 우리가
그 만날 만한 곳에서 그를 기습하기를 이슬이 땅에 내림 같이 우리가 그
의 위에 덮여 그와 그 함께 있는 모든 사람을 하나도 남겨 두지 아니할
것이요 또 만일 그가 어느 성에 들었으면 온 이스라엘이 밧줄을 가져다
가 그 성을 강으로 끌어들여서 그곳에 작은 돌 하나도 보이지 아니하게
할 것이니이다 하매 압살롬과 온 이스라엘 사람들이 이르되 아렉 사람
후새의 계략은 아히도벨의 계략보다 낫다 하니 이는 여호와께서 압살롬
에게 화를 내리려 하사 아히도벨의 좋은 계략을 물리치라고 명령하셨음
이더라(삼하 17:11-14).

후세의 제안을 봅시다. 첫째, 온 이스라엘이 출동해야 합니다.
둘째, 천천히 추격해야 합니다. 셋째, 다윗을 따르는 사람은 모두
죽여야 합니다.

아히도벨의 작전은 기습전이고, 후새의 작전은 전면전입니다.

후새의 제안을 따릅니다

압살롬과 온 이스라엘 사람들이 이르되 아렉 사람 후새의 계략은 아

히도벨의 계략보다 낫다 하니 이는 여호와께서 압살롬에게 화를 내리려 하사 아히도벨의 좋은 계략을 물리치라고 명령하셨음이더라(삼하 17:14).

사실 아히도벨의 제안이 유리한 전술이지만 사람들은 후새의 제안을 따릅니다. 어떻게 이런 일이 일어납니까? 하나님께서 명령하셨기 때문입니다. 하나님께서 다윗의 기도를 들으시고 아히도벨의 계략을 실패하게 만드신 것입니다. 아히도벨의 계략이 좋았지만 하나님께서 사람들의 마음을 움직이신 것입니다. 사람이 아무리 완전한 계획을 세울지라도 마음을 주장하시는 분은 하나님이십니다.

어떤 문제로 기도를 하든지 하나님께서 응답하십니다. 문제는 상대적이지만 기도는 절대적입니다. 기도의 사람은 문제를 알아야 하는 것이 아니라 기도에 응답하시는 주님을 믿어야 합니다. 무엇을 기도하든 주님께 구하면 주님께서 응답하십니다. 모든 기도는 절대적으로 응답됩니다.

오늘의 기도

시간마다 제 영을 깨워 무릎 꿇게 하시는 주님을 찬양합니다. 하늘의 불 말과 불 병거와 천군천사를 보게 하옵소서. 특별히 몸이 아픈 이들을 치료하시고, 물질의 궁핍함으로 고통받는 이들을 채우소서. 사탄의 모든 시험을 물리쳐 주시고, 가정을 화평케 하시며 자녀들을 축복하소서. 허락하신 기업과 사업의 터전을 축복하소서.

기도와 복음

요일 1:1-3

¹ 태초부터 있는 생명의 말씀에 관하여는 우리가 들은 바요 눈으로 본 바요 자세히 보고 우리의 손으로 만진 바라

² 이 생명이 나타내신 바 된지라 이 영원한 생명을 우리가 보았고 증언하여 너희에게 전하노니 이는 아버지와 함께 계시다가 우리에게 나타내신 바 된 이시니라

³ 우리가 보고 들은 바를 너희에게도 전함은 너희로 우리와 사귐이 있게 하려 함이니 우리의 사귐은 아버지와 그의 아들 예수 그리스도와 더불어 누림이라

기도와 복음

::   하나님께서 예수 그리스도를 통해 구원 받은 사람들에게 주시는 복이 기도입니다. 기도의 응답을 받는 능력이 복음 안에 있습니다. 응답은 그리스도의 능력만큼 이루어집니다. 그리스도인은 그 인생 전체가 주님의 말씀대로 이루어지는 사람들입니다. 그러므로 그리스도인은 세상을 알아야 하는 것이 아니라 복음을 알아야 합니다.

세상을 살면서 어떤 고난과 고통을 만날지는 아무도 모릅니다. 그러나 고통과 만나는 순간에도 답은 알고 있습니다. 주님께서 구원자가 되신다는 복음이 절대적인 능력입니다. 기도가 능력이 되는 것은 복음 때문입니다. 다시 말해, 그리스도가 구원자가 되어 주시기 때문입니다.

응답하시는 하나님이 존재합니다

이 생명이 나타내신 바 된지라(요일 1:2).

복음은 나타난 것입니다. 존재하던 것이 밝히 나타난 것입니다. 나타났기 때문에 알게 되었습니다. 예수 그리스도의 복음은 인간이 공부해서 깨달았거나 깊이 연구해서 알아낸 것이 아니라 하나님께서 나타내시어서 알게 하신 것입니다.

복음은 철학을 전개하거나 자기 논리를 발전시키는 것이 아니라 주님을 통해 나타난 것을 믿는 것입니다. 하나님께서 나타내셔서 알게 하셨다는 말은 그것을 알게 하신 하나님이 계시기 때문에 가능한 일입니다. 복음의 전제는 하나님의 존재를 인정하는 것입니다. 기도에 응답하시는 하나님께서 먼저 존재하신 것입니다. 기도는 하나님께 구하는 것이고 응답은 하나님의 몫입니다. 기도는 사람의 방법에 근거하지 않고 하나님의 능력에 근거합니다.

기도는 살아 계신 주님을 만나는 것입니다

태초부터 있는 생명의 말씀에 관하여는 우리가 들은 바요 눈으로 본 바요 자세히 보고 우리의 손으로 만진 바라(요일 1:1).

복음은 단순한 어떤 정보나 지식이 아닙니다. 정보나 지식은 귀로 듣고 눈으로 보는 것에 머물지만 손으로 만졌다는 것은 그것을 경험했다는 것입니다. 복음은 지식이 아니라 인격적, 오감적 경험입니다. 파도치는 바다 풍경을 그림으로만 본 사람의 감동과 실제로 그 바다를 바라보며 파도 소리를 듣는 사람의 감탄은 완전히 다릅니다. 운동경기를 관람하는 사람이 느끼는 재미와 그 운동장에서 실제로 달리는 사람이 경험하는 가슴 벅찬 감동은 다릅니다.

복음은 우리에게 주어진 어떤 지시나 규범이 아니라 우리 안에 살아 계신 그리스도이십니다. 그래서 3절에 "우리가 보고 들은 바를 너희에게도 전함은 너희로 우리와 사귐이 있게 하려 함이니"라고 말씀합니다. 복음은 지식이 아니라 사실입니다. 날마다 어느 곳에서나 주님을 경험하고 누리는 것이 복음입니다. 기도는 이렇게 살아 계신 주님을 모든 곳에서 누리고 경험하는 것입니다. 기도의 자리는 주님과 만나는 자리입니다. 대화하는 곳, 위로받는 곳, 치유받는 곳, 그리고 능력 받는 곳입니다.

기도 응답은 주님의 능력에서 나옵니다

이 생명이 나타내신 바 된지라 이 영원한 생명을 우리가 보았고 증언하여 너희에게 전하노니 이는 아버지와 함께 계시다가 우리에게 나타내신 바 된 이시니라(요일 1:2).

"주님은 아버지와 함께 계셨는데 우리에게 나타나셨다"라고 사도 요한은 말합니다. 하나님을 가장 바르게 나타내신 분은 주님이십니다. 복음의 진실은 사람을 통해 아는 것이 아니라 하나님께서 보내신 독생자 예수 그리스도를 통해서만 알 수 있습니다.

어떤 사람들은 허리가 쑤시고 아프면 비가 올 거라고 말합니다. 이는 사람의 느낌일 뿐입니다. 정확하게 말하자면, 하나님께서 비를 내리시는 것입니다. 하나님이 진리이십니다. 복음은 하나님께 속한 절대성입니다. 복음은 인간의 경험에 근거하지 않습니다. 오직 예수 그리스도만이 복음의 전부입니다. 기도 응답은 주님에게서 나옵니다.

사도행전 16장에서 사도 바울은 빌립보에 이르러 안식일을 맞아 기도하는 처소가 있음직한 곳으로 갔습니다. 그리고 그곳에서 루디아를 만났습니다. 바울은 짐작으로 갔는데 이미 주님께서 루디아의 마음을 여셨다(행 16:14)고 했습니다. 사람은 언제나 짐작으로 삽니다. 그러나 주도하시는 분은 주님이십니다.

요한복음 11장에 마르다는 나사로가 죽고 나서야 찾아오신 주님을 향해 조금만 일찍 오셨더라면 오라버니가 죽지 않았을 것이라고 말했습니다. 그런데 주님은 나사로가 죽은 것이 아니라 잠들었다고 말씀하시면서 살리셨습니다. 복음은 인간의 짐작이나 지식의 동의를 구하지 않습니다. 기도 응답은 오직 천지만물을 지으신 주님의 권능과 능력에 근거할 뿐입니다.

기도의 응답은 이 복음의 능력에서 나옵니다. 사람의 느낌과 경험에 의지하지 않습니다. 오늘도 생명의 처음이요 마지막인 주님께서 모든 기도에 응답하십니다. 응답은 동의해야 하는 것이 아니라 하나님의 전적인 역사하심으로 오는 것입니다.

오늘의 기도

제 영혼을 복되게 하시는 주님을 찬양합니다. 저의 모든 것을 주님 손에 맡깁니다. 저는 태초부터 영원까지 주님 안에 있습니다. 주님의 인도하심에는 부족함이나 실수가 없습니다. 주님의 길에서 벗어나지 않게 도우소서. 하나님의 사랑으로 제 영혼을 채워 주소서. 제 마음을 위로하시고, 연약한 몸을 치유하소서.

³⁵ 아직 예수께서 말씀하실 때에 회당장의 집에서 사람들이 와서 회당
장에게 이르되 당신의 딸이 죽었나이다 어찌하여 선생을 더 괴롭게
하나이까

³⁶ 예수께서 그 하는 말을 곁에서 들으시고 회당장에게 이르시되 두려
워하지 말고 믿기만 하라 하시고

³⁷ 베드로와 야고보와 야고보의 형제 요한 외에 아무도 따라옴을 허락
하지 아니하시고

³⁸ 회당장의 집에 함께 가사 떠드는 것과 사람들이 울며 심히 통곡함을
보시고

³⁹ 들어가서 그들에게 이르시되 너희가 어찌하여 떠들며 우느냐 이 아
이가 죽은 것이 아니라 잔다 하시니

⁴⁰ 그들이 비웃더라 예수께서 그들을 다 내보내신 후에 아이의 부모와
또 자기와 함께 한 자들을 데리시고 아이 있는 곳에 들어가사

⁴¹ 그 아이의 손을 잡고 이르시되 달리다굼 하시니 번역하면 곧 내가 네
게 말하노니 소녀야 일어나라 하심이라

⁴² 소녀가 곧 일어나서 걸으니 나이가 열두 살이라 사람들이 곧 크게 놀
라고 놀라거늘

⁴³ 예수께서 이 일을 아무도 알지 못하게 하라고 그들을 많이 경계하시
고 이에 소녀에게 먹을 것을 주라 하시니라

기도와 믿음

::   기도는 반드시 응답됩니다. 기도는 응답될 때까지 해야 합니다. 기도의 핵심은 포기하지 않는 것입니다. 그런데 기도를 지속시키기 위해서는 믿음이 있어야 합니다.

> 그러므로 내가 너희에게 말하노니 무엇이든지 기도하고 구하는 것은 받은 줄로 믿으라 그리하면 너희에게 그대로 되리라(막 11:24).

회당장 야이로의 딸이 중한 병에 걸렸습니다. 딸이 병에 걸리자 회당장은 여러 가지 방법을 동원했을 것입니다. 그러나 딸의 병세는 차도가 없이 더 깊어만 갔고, 마침내 죽을 지경에 이르렀습니다(막 5:23). 그때 회당장이 예수님을 찾아왔습니다. 그런데 예수님께서 회당장 집으로 가시는 길에 시간을 지체하고 말았습니다. 그 사이에 딸이 죽었습니다. 회당장의 집에서 사람들이 와서는 집에 도착하기 전에 딸이 죽었기 때문에 더 이상 주님을 집으로 모실 필요가 없다고 했습니다.

그런데 주님은 회당장 집에 가시어 죽은 딸을 살리셨습니다. 회당장 야이로는 하나님을 믿지만 그의 상황은 매우 비관적이었습니다. 그럼에도 끝까지 주님을 믿었습니다. 그러자 무슨 일이 일어났습니까? 딸이 살아났습니다. 인간은 불안해도 주님은 완전하신 분입니다.

끝까지 믿어야 합니다

아직 예수께서 말씀하실 때에 회당장의 집에서 사람들이 와서 회당장에게 이르되 당신의 딸이 죽었나이다 어찌하여 선생을 더 괴롭게 하나이까 (막 5:35).

회당장은 주님께서 딸을 치유하실 것을 믿었습니다. 그런데 집으로 가는 길에 딸이 죽었습니다. 사람들은 더 이상 소용이 없다고 했습니다. 하지만 주님은 죽은 딸을 살리셨습니다. 인간적 시각에서 생각하자면 아픈 자의 치유는 기대해 볼 만한 일이지만, 죽은 자의 치유는 불가능한 일입니다. 그런데 주님께는 능치 못할 것이 없습니다. 우리는 어떤 상황에서든지 끝까지 주님을 믿어야 합니다. 딸이 죽어도 주님을 믿어야 합니다. 주님의 능력은 사람의 상태에 의해 제한되지 않습니다. 주님의 능력은 완전합니다. 그들은 치료하시는 수준까지만 주님께 기대했지만 주님은 죽은 자를 살리는 기적을 행하셨습니다.

시험을 이겨야 합니다

예수께서 그 하는 말을 곁에서 들으시고 회당장에게 이르시되 두려워하지 말고 믿기만 하라 하시고(막 5:36).

예수님을 모시고 집으로 가는 동안 회당장에게 몇 번의 시험이 있습니다. 우선 딸이 병들어 죽을 지경입니다. 둘째, 어렵게 예수님을 모시고 가는데 길에서 지체하게 됩니다. 셋째, 길을 가는 동안에 딸이 죽었습니다. 넷째, 마음속에 의심이 들었습니다.

주님께서는 처음부터 딸을 살리기로 작정하셨고 살리셨습니다. 어떤 불안한 상황 때문에 마음이 흔들릴지라도 주님에 대해 처음 가졌던 믿음을 계속 지키는 것이 완전한 믿음입니다.

두려워하지 말고 믿기만 하라(막 5:36).

그리스도인은 믿기만 하면 됩니다. 성경을 통해 주님께서 사람들을 어떻게 대하시는지 그 대하는 방식을 알아야 합니다.

주님의 말씀을 믿어야 합니다

들어가서 그들에게 이르시되 너희가 어찌하여 떠들며 우느냐 이 아이가
죽은 것이 아니라 잔다 하시니(막 5:39).

오늘의 기도
주님의 임재 앞에 부르신 것에 감사합니다. 새 날에 은혜와 만나를 주시고 불기둥과 구름 기둥으로 인도하소서. 제 영혼에 드리운 어둠도 주님의 빛으로 밝히소서. 진리의 빛으로 충만하게 하소서. 염려 중에 주님의 손을 붙들게 하시고, 고통 중에도 주님의 위로로 안식을 얻게 하소서. 하나님의 영으로 충만하게 하옵소서.

사람들은 회당장의 딸이 죽었다고 울었습니다. 그런데 주님은 죽은 것이 아니라 잔다고 말씀하십니다. 회당장 딸은 죽은 것이 맞습니다. 그러나 주님은 잔다고 말씀하셨으며, 그 말씀대로 이뤄졌습니다. 기도 응답은 말씀을 믿어야 합니다. 그러면 주님의 말씀대로 이뤄집니다.

7장 절대적 믿음

마 9:27-31

27 예수께서 거기에서 떠나가실새 두 맹인이 따라오며 소리 질러 이르되 다윗의 자손이여 우리를 불쌍히 여기소서 하더니

28 예수께서 집에 들어가시매 맹인들이 그에게 나아오거늘 예수께서 이르시되 내가 능히 이 일 할 줄을 믿느냐 대답하되 주여 그러하오이다 하니

29 이에 예수께서 그들의 눈을 만지시며 이르시되 너희 믿음대로 되라 하시니

30 그 눈들이 밝아진지라 예수께서 엄히 경고하시되 삼가 아무에게도 알리지 말라 하셨으나

31 그들이 나가서 예수의 소문을 그 온 땅에 퍼뜨리니라

절대적 믿음

:: 　　　　　믿음은 바라는 것들의 실상입니다. 모든 것은 믿음대로 됩니다. 그림자는 실체를 따라 생겨납니다. 그리스도인과 세상 사람들은 여기서 아주 크게 다릅니다. 세상 사람들은 생활이 실체고 믿음이 그림자입니다. 생활하는 만큼 믿음이 생깁니다. 그러나 성도는 믿음이 실체고 생활이 그림자입니다. 믿음만큼 삶의 영역이 넓어집니다.

믿음은 절대적입니다. 세상의 모든 문제는 상대적입니다. 언제 어디서 어떤 문제를 만날지 아무도 모릅니다. 그러나 그리스도인에게 답은 언제나 하나입니다. 어떤 상황이나 어떤 문제를 만나든지 그 답은 믿음입니다. 주님을 믿기만 하면 문제는 해결됩니다. 문제는 상대적입니다. 그러나 믿음은 절대적입니다.

믿음의 대상이 절대적입니다

예수께서 집에 들어가시매 맹인들이 그에게 나아오거늘 예수께서 이르

시되 내가 능히 이 일 할 줄을 믿느냐 대답하되 주여 그러하오이다 하니
(마 9:28).

자신들을 불쌍하게 여겨 달라는 맹인들의 말에 예수님께서 하신 대답을 눈여겨보십시오. 예수님은 그들의 뜻을 묻지 않고 주님의 대한 믿음이 있는지를 물었습니다. 믿음은 주님을 믿는 것입니다. 왜냐하면 주님만이 가장 절대적인 분이기 때문입니다.

믿음은 세상과 사람에 따라 달라지는 상대적인 것이 아니라 주님에 대한 절대적인 것입니다. 절대적이라는 말은 어떤 조건과 상황에 따라 달라지지 않고 영원히 존재하시는 주님을 향한 말입니다. 사람의 문제는 시대마다 다르지만 동일하게 믿음이 능력인 이유는, 이 믿음을 보시고 역사하시는 주님이 동일한 분이시기 때문입니다. 문제는 상대적이지만 주님은 절대적인 분이십니다.

믿음의 능력이 절대적입니다

이에 예수께서 그들의 눈을 만지시며 이르시되 너희 믿음대로 되라 하시니(마 9:29).

주님은 그들의 눈을 만지시며 믿음대로 되라고 하셨습니다. 문제가 무엇일지라도 믿음이 있으면 능력이 나타납니다. 주님은 문제를 가지고 찾아오는 사람들에게 늘 믿음이 있느냐고 물었습니다. 사람의 문제가 무엇일지라도 믿음의 능력은 절대적입니다.

그러므로 내가 너희에게 말하노니 무엇이든지 기도하고 구하는 것은 받

은 줄로 믿으라 그리하면 너희에게 그대로 되리라(막 11:24).

무엇을 기도하더라도 받은 줄로 믿으면 그대로 됩니다. 문제가 무엇일지라도 믿음이 있으면 응답을 받습니다.

주님은 항상 문제가 해결 가능한지 아닌지 따지지 않으시고 그들에게 믿음이 있느냐고 물으셨습니다. 항상 '믿음대로 되라'고 선포하셨습니다. 믿음의 능력이 절대적이기 때문입니다. 문제가 무엇이든지 믿기만 하면 해결됩니다.

믿음의 근거가 절대적입니다

예수께서 집에 들어가시매 맹인들이 그에게 나아오거늘 예수께서 이르
시되 내가 능히 이 일 할 줄을 믿느냐 대답하되 주여 그러하오이다 하니
(마 9:28).

주님께서 그들에게 믿음을 요청하셨습니다. 그들의 믿음을 일깨워 주신 것입니다. 믿음은 사람의 생각이 아니라 주님께서 주시는 것입니다.

오늘의 기도
진심으로 주를 향하는 자에게 능력 베푸시는 주님을 찬양합니다. 오늘 말씀 중에 주의 영광이 임하기를 소원합니다. 제 안에 새롭고 놀라운 일을 행하소서. 사모하는 이에게 은혜를, 말씀을 들어야 할 사람에게 깨달음을, 기도하는 이에게 응답을, 몸이 아픈 이들에게 치유를 부으시는 거룩한 시간이 되게 하소서.

그러므로 믿음은 들음에서 나며 들음은 그리스도의 말씀으로 말미암았
느니라(롬 10:17).

믿음은 들음에서 나고 들음은 그리스도의 말씀으로 이미 이루어졌습니다. 그리스도인들이 가진 믿음은 주님께서 주신 것입니다. 믿음은 주님께서 주신 것이기 때문에 절대적입니다.

8장 기도의 응답

행 12:5-12

⁵ 이에 베드로는 옥에 갇혔고 교회는 그를 위하여 간절히 하나님께 기도하더라

⁶ 헤롯이 잡아내려고 하는 그 전날 밤에 베드로가 두 군인 틈에서 두 쇠사슬에 매여 누워 자는데 파수꾼들이 문 밖에서 옥을 지키더니

⁷ 홀연히 주의 사자가 나타나매 옥중에 광채가 빛나며 또 베드로의 옆구리를 쳐 깨워 이르되 급히 일어나라 하니 쇠사슬이 그 손에서 벗어지더라

⁸ 천사가 이르되 띠를 띠고 신을 신으라 하거늘 베드로가 그대로 하니 천사가 또 이르되 겉옷을 입고 따라오라 한대

⁹ 베드로가 나와서 따라갈새 천사가 하는 것이 생시인 줄 알지 못하고 환상을 보는가 하니라

¹⁰ 이에 첫째와 둘째 파수를 지나 시내로 통한 쇠문에 이르니 문이 저절로 열리는지라 나와서 한 거리를 지나매 천사가 곧 떠나더라

¹¹ 이에 베드로가 정신이 들어 이르되 내가 이제야 참으로 주께서 그의 천사를 보내어 나를 헤롯의 손과 유대 백성의 모든 기대에서 벗어나게 하신 줄 알겠노라 하여

¹² 깨닫고 마가라 하는 요한의 어머니 마리아의 집에 가니 여러 사람이 거기에 모여 기도하고 있더라

8장 기도의 응답

::   예루살렘 교회의 사도 베드로가 감옥에 갇히자 예루살렘 교회 성도들이 기도합니다. 교회는 그를 위해 하나님께 간절히 기도했습니다(행 12:5). 많은 사람이 모여서 기도했습니다(행 12:12). 그리고 사람들의 기도로 베드로는 감옥에서 나오게 되었습니다. 그런데 성도들이 간절하게 기도하여 하나님의 역사가 일어났는데 정작 사람들은 잘 알아보지 못했습니다.

첫째는 베드로 자신이 잘 몰랐습니다. 사도행전 12장 9절에 보면 "생시인지 알지 못하고"라고 나옵니다. 둘째는 기도하던 당사자들도 믿지 못했습니다(행 12:15-16). 셋째는 베드로를 지키던 군인들도 몰랐습니다(행 12:18). 11절에서 베드로가 정신이 들어 "이제야 참으로 알겠다"라고 고백합니다.

무엇을 알았다는 것입니까? 주님께서 주님의 천사를 보내셔서 그를 건져 주셨다는 것을 알았습니다. 베드로는 사람이 알 수 없는 방법으로 감옥에서 나왔습니다.

기도는 사람이 하지만 응답은 하나님께서 하십니다. 하나님께서 응답하신다는 것은 하나님의 능력으로 이루어진다는 말입니다. 사람이 아는 범위는 한계가 있습니다. 그리스도인이라면 더욱 힘써서 하나님을 아는 영적 분별력을 키워야 합니다.

기도는 반드시 응답됩니다

헤롯이 잡아내려고 하는 그 전날 밤에 베드로가 두 군인 틈에서 두 쇠사슬에 매여 누워 자는데 파수꾼들이 문 밖에서 옥을 지키더니 (행 12:6).

헤롯이 베드로를 백성들 앞에 끌어내기로 하는 그 전날 밤에 생긴 일이었습니다. 기도하면서 사람들이 실망할 때가 있습니다. 생각한 때가 되었는데 응답이 없을 때입니다. 베드로를 위해 기도하던 사람들도 그러했을 것입니다. 그러나 우리 생각에 늦다 싶어도 하나님은 반드시 역사하십니다.

성도들이 베드로를 위해 얼마나 간절히 기도했습니까? 석방이 되려면 벌써 되었어야 합니다. 다음 날이면 사형이 집행될 테니 이제 베드로는 꼼짝없이 죽겠다고 생각했을 것입니다. 그러나 하나님께서는 마지막 날 밤에 역사하셨습니다.

다니엘은 기도하면 사자 굴속에 넣어 죽이겠다는 말을 듣고도 기도했습니다. 하나님께서 살려 주실 것을 믿었습니다. 우리 생각에는, 하나님께서 그 믿음을 보시고 사자 굴속에 아예 들어가지 않도록 막아 주셔야 했습니다. 그런데 사자 굴속에 들어가는 지경에 이릅니다. 모든 희망이 사라진 것 같지만 하나님께서 하시고자 하시면 사자 굴이 천사의 굴이 될 수 있습니다.

주님의 음성을 듣게 해 달라고 기도한다고 해서 금방, 쉽게 음성을 들을 수 있는 것이 아닙니다. 시간이 많이 지나고 나서야 음성이 들립니다. 기도의 시간이 지나가는 것은 그저 시간만 흘러가는 것이 아닙니다. 그 시간은 우리의 영이 더욱 깊어지고 주님 곁으로 가까이 나아가고 있는 과정입니다.

기도 응답은 기적입니다

홀연히 주의 사자가 나타나매 옥중에 광채가 빛나며 또 베드로의 옆구리를 쳐 깨워 이르되 급히 일어나라 하니 쇠사슬이 그 손에서 벗어지더라(행 12:7).

베드로의 석방은 몇 가지 설명할 수 없는 방법으로 일어났습니다. 사도행전 12장 6절에 보면, 우선 베드로는 두 쇠사슬에 묶였고, 군인 두 사람이 함께 감옥 안에 있었고, 문 밖에서 파수꾼이 지키는 상황이었습니다. 그런데 7절에서 쇠사슬이 저절로 풀렸으며, 10절에서 철문이 저절로 열렸습니다. 사람의 능력으로는 불가능한 일입니다.

그러나 하나님께서 하시면 불가능이란 없습니다. 기도하는 사람은 문제 해결 방법을 알아야 하는 게 아니라 문제를 해결하시는 하나님을 알아야 합니다. 사람의 능력 속에 하나님을 제한하지 말아야 합니다.

기도 응답은 영적으로 임합니다

이에 베드로가 정신이 들어 이르되 내가 이제야 참으로 주께서 그의 천사를 보내어 나를 헤롯의 손과 유대 백성의 모든 기대에서 벗어나게 하신 줄 알겠노라 하여(행 12:11).

베드로를 감옥에서 건져 낸 것은 천사였습니다. 갑자기 주님의 천사가 나타났고(행 12:7), 그 천사가 길을 안내하고(행 12:8), 베드로는 그 천사를 따라갑니다(행 12:9). 베드로에게 천사는 알 수 없는 존재였습니다.

사드락과 메삭과 아벳느고를 풀무불 속에서 살린 것도 천사였습니다. 다니엘을 사자 굴속에서 지킨 것도 천사였습니다. 예수님께서 40일 동안의 금식 기도를 마치고 시험을 이기신 후에 수종을 든 이도 천사였습니다.

기도 응답은 영적인 능력으로 임합니다. 사람이 알 수 없는 힘이 기도에 응답합니다.

믿음은 지식으로 아는 것이 아니라 영으로 역사하는 것입니다. 아름다운 음악을 악보로 읽는 것과 연주하는 소리로 듣는 것은 다릅니다. 하나님의 기도 응답을 악보 보듯이 지식으로 아는 것과 하나님의 역사를 영으로 느끼고 아는 것은 다릅니다.

하나님의 응답은 영적인 능력으로 임합니다.

오늘의 기도
'문밖에 서서 두드리노니 누구든지 내 음성을 듣고 문을 열면 내가 그에게로 들어가 그와 더불어 먹고 그는 나와 더불어 먹으리라'(계 3:20)는 약속의 말씀을 믿습니다. 제 마음의 문을 두드리시는 주님의 음성을 듣게 하소서. 저를 주장하시고, 그 얼굴을 보이시며, 권능을 나타내소서. 믿음으로 담대하게 선포하며 기도로 승리하게 하소서.

9장 기도의 현상과 본질

출 5:21-6:1

²¹ 그들에게 이르되 너희가 우리를 바로의 눈과 그의 신하의 눈에 미운 것이 되게 하고 그들의 손에 칼을 주어 우리를 죽이게 하는도다 여호와는 너희를 살피시고 판단하시기를 원하노라

²² 모세가 여호와께 돌아와서 아뢰되 주여 어찌하여 이 백성이 학대를 당하게 하셨나이까 어찌하여 나를 보내셨나이까

²³ 내가 바로에게 들어가서 주의 이름으로 말한 후로부터 그가 이 백성을 더 학대하며 주께서도 주의 백성을 구원하지 아니하시나이다

^{6:1} 여호와께서 모세에게 이르시되 이제 내가 바로에게 하는 일을 네가 보리라 강한 손으로 말미암아 바로가 그들을 보내리라 강한 손으로 말미암아 바로가 그들을 그의 땅에서 쫓아내리라

기도의 현상과 본질

::   기도는 하나님께서 주신 가장 큰 복입니다. 그런데 기도하는 것은 늘 어렵고 힘든 일, 무거운 의무로만 느껴집니다. 많은 성도들이 기도를 대단한 각오나 믿음이 있어야 할 것이라고 생각합니다.

"항상 기뻐하라 쉬지 말고 기도하라 범사에 감사하라 이것이 그리스도 예수 안에서 너희를 향하신 하나님의 뜻이니라"(살전 5:16-18)고 성경은 기록하고 있습니다. 주님은 우리가 기도하는 삶을 사는 게 가능하다고 말씀하십니다.

내 이름으로 무엇이든지 내게 구하면 내가 행하리라(요 14:14).

기도는 현상과 본질이 있습니다. 기도의 현상을 보자면, 늘 기도해도 소용이 없는 것만 같습니다. 그러나 기도는 반드시 응답된다는 것이 기도의 본질입니다. 이제 눈에 보이는 현상을 뛰어넘어 하나님께서 이루시는 응답의 본질을 보아야 합니다.

기도는 사람이 하는 것입니다. 기도 응답은 하나님께서 하시는 것입니다. 우리는 기도하고 그 반응을 사람과 세상을 통해 확인하려고 합니다. 인간은 누구나 육적인 본성에 매여 있기 때문입니다.

우리는 하나님께서 하시는 일을 보고 알아야 하는데, 사람이 하는 일이 먼저 보이고 먼저 들립니다. 이 육적이고 세상적인 현상을 이겨야 합니다. 그리고 응답하시는 하나님을 끝까지 신뢰하고 믿어야 합니다.

기도를 포기하지 않아야 합니다

모세는 하나님 말씀을 듣고 순종하여 바로에게 가서 이스라엘 백성을 출애굽시키라는 하나님의 말씀을 전하였습니다. 모세는 바로가 순종하리라고 생각했습니다. 그런데 바로는 오히려 이스라엘 백성들을 더욱 고되게 부렸습니다. 이 소식을 들은 이스라엘 백성들이 모세를 원망했습니다. 이때 모세가 하나님께 기도합니다. "주여 어찌하여 이 백성이 학대를 당하게 하셨나이까? 왜 백성을 구원하지 아니하시나이까?" 하나님께서 대답하십니다.

내가 바로에게 하는 일을 네가 보리라(출 6:1).

기도하고 실망할 때가 있습니다. 기도했는데 현실은 더 어려워질 때가 많습니다. 모세처럼 하나님을 원망하거나 기도를 포기할 때가 있습니다. 그러나 명심하십시오. 기도 응답은 하나님께서 하시는 것입니다. 출애굽은 바로가 해 주는 것이 아니라 하나님께서 하십니다. 기도 응답은 사람들이 해 주는 것이 아니라 하나님께서 하십니다. 모세가 하나님의 명령을 따라 바로에게 말한 것 때문에 상황이 어떠할지라도 출애굽은 가까워졌습니다. 현상은 힘들고 고통스럽지만 출애굽은 이루어졌습니다.

기도 응답은 주님께서 행하십니다. 주님을 기대하고 신뢰해야 합니다.

모세가 여호와께 돌아와서 아뢰되 주여 어찌하여 이 백성이 학대를 당하게 하셨나이까 어찌하여 나를 보내셨나이까(출 5:22).

모세는 바로의 반응에 실망하면서도 여전히 하나님의 뜻을 구하고 있습니다. 모세는 하나님께서 말씀하실 것을 기대했습니다.

주님의 음성을 들어야 합니다

여호와께서 모세에게 이르시되 이제 내가 바로에게 하는 일을 네가 보리라 강한 손으로 말미암아 바로가 그들을 보내리라 강한 손으로 말미암아 바로가 그들을 그의 땅에서 쫓아내리라(출 6:1).

주님은 반드시 응답하시고 말씀하십니다. 우리에게 그 주님의 음성을 듣는 영적인 실력이 있어야 한다는 것이 문제입니다.

똑같이 시험지를 받아도 실력이 없는 어떤 사람은 문제만 보일 테고, 공부하고 준비한 어떤 사람은 문제와 함께 답도 보일 것입니다. 하나님께서 말씀하실 때 영적인 실력이 있는 사람은 주님의 음성을 듣게 됩니다.

주님의 음성을 들어야 합니다. 주님의 음성을 들을 수 있는 영적인 실력을 키워야 합니다.

기도는 하나님이 응답하십니다

내가 바로에게 들어가서 주의 이름으로 말한 후로부터 그가 이 백성을
더 학대하며 주께서도 주의 백성을 구원하지 아니하시나이다(출 5:23).

모세는 바로가 이스라엘을 더욱 학대하는 것을 보면서 하나님
께서 구원하지 않는다고 원망했습니다. 그러나 학대하는 것은 바
로가 한 것이요 기도의 응답은 하나님께서 하십니다.

"여호와께서 모세에게 이르시되 이제 내가 바로에게 하는 일을
네가 보리라 강한 손으로 말미암아 바로가 그들을 보내리라 강한
손으로 말미암아 바로가 그들을 그의 땅에서 쫓아내리라"(출 6:1)
고 말씀하셨습니다.

기도 응답은 하나님께서 하십니다. 하나님은 기도에 반드시 응
답하십니다. 바로가 이스라엘 백성을 더욱 학대하고 상황도 조건
도 더욱 고달파져서 사람의 눈으로 보았을 때 절망스러웠지만 결
국 하나님께서 이스라엘을 구원하셨습니다.

오늘의 기도

오늘 하루를 주님의 성령으로
인도하여 주소서. 오늘도 주님
의 사람으로 살기를 소원합니
다. 이 시간 성령의 기름 부음
이 있게 하소서. 하나님이 말
씀하시는 곳까지 나아가게 하
시고 말씀이 멈추는 곳에서 순
종하게 하소서. 순간마다 육신
에 대해 죽게 하시고 성령 안
에 살게 하소서. 하늘에 속한
자의 영광을 소망하게 하소서.

10장 운명을 바꾸는 기도

왕하 20:1-6

1 그 때에 히스기야가 병들어 죽게 되매 아모스의 아들 선지자 이사야가 그에게 나아와서 그에게 이르되 여호와의 말씀이 너는 집을 정리하라 네가 죽고 살지 못하리라 하셨나이다

2 히스기야가 낯을 벽으로 향하고 여호와께 기도하여 이르되

3 여호와여 구하오니 내가 진실과 전심으로 주 앞에 행하며 주께서 보시기에 선하게 행한 것을 기억하옵소서 하고 히스기야가 심히 통곡하더라

4 이사야가 성읍 가운데까지도 이르기 전에 여호와의 말씀이 그에게 임하여 이르시되

5 너는 돌아가서 내 백성의 주권자 히스기야에게 이르기를 왕의 조상 다윗의 하나님 여호와의 말씀이 내가 네 기도를 들었고 네 눈물을 보았노라 내가 너를 낫게 하리니 네가 삼 일 만에 여호와의 성전에 올라가겠고

6 내가 네 날에 십오 년을 더할 것이며 내가 너와 이 성을 앗수르 왕의 손에서 구원하고 내가 나를 위하고 또 내 종 다윗을 위하므로 이 성을 보호하리라 하셨다 하라 하셨더라

10장 운명을 바꾸는 기도

::   히스기야 왕이 죽을병에 걸렸습니다. 하나님의 선지자 이사야가 찾아와 히스기야에게 죽을 준비를 하라고 했습니다. 그런데 히스기야가 병에 걸려 괴로움을 겪으면서도 통곡의 기도를 드리자 하나님께서 응답하시고 그의 생명을 15년 더 연장시켜 주셨습니다. 죽을 운명이 바뀌었습니다.

히스기야가 낯을 벽으로 향하고 여호와께 기도하여 (왕하 20:2).

일반적으로 한 나라의 왕이 병에 걸렸다면 약을 구하고 명의를 찾는 일로 나라가 요란할 것입니다. 그러나 히스기야 왕은 오직 기도했습니다. 얼굴을 벽으로 향했습니다. 바라볼 곳은 하나님밖에 없었습니다. 이는 하나님 안에서 해답을 찾겠다는 것입니다. 하나님 안에서 길을 찾고 뜻을 찾겠다는 믿음입니다. 오직 골방의 기도입니다. 그런 기도가 운명을 바꿉니다.

기도는 운명을 바꿉니다

내가 네 날에 십오 년을 더할 것이며 내가 너와 이 성을 앗수르 왕의 손
에서 구원하고 내가 나를 위하고 또 내 종 다윗을 위하므로 이 성을 보호
하리라 하셨다 하라 하셨더라(왕하 20:6).

히스기야 왕은 죽을병에 걸렸습니다. 모든 것을 정리해야 합니
다. 히스기야 왕은 하나님께 간절히 기도하여 생명을 15년 연장
받았습니다. 그는 죽을 수밖에 없는 인생이었지만 기도하여 인생
을 바꾸었습니다. 기도는 인생을 바꿉니다.

기도는 하나님의 마음을 움직입니다

너는 돌아가서 내 백성의 주권자 히스기야에게 이르기를 왕의 조상 다
윗의 하나님 여호와의 말씀이 내가 네 기도를 들었고 네 눈물을 보았노
라 내가 너를 낫게 하리니 네가 삼 일 만에 여호와의 성전에 올라가겠고
(왕하 20:5).

히스기야 왕이 병들자 하나님께서는 선지자 이사야를 통해 이
미 죽을병이라고 말씀하셨습니다. 그럼에도 히스기야는 하나님께
기도하였고 하나님께서는 생명을 연장해 주셨습니다. 하나님은
백성들의 기도를 듣고 뜻을 돌이키더라도 응답하는 분이십니다.

어찌하여 애굽 사람들이 이르기를 여호와가 자기의 백성을 산에서 죽
이고 지면에서 진멸하려는 악한 의도로 인도해 내었다고 말하게 하시
려 하나이까 주의 맹렬한 노를 그치시고 뜻을 돌이키사 주의 백성에

게 이 화를 내리지 마옵소서 주의 종 아브라함과 이삭과 이스라엘을 기억하소서 주께서 그들을 위하여 주를 가리켜 맹세하여 이르시기를 내가 너희의 자손을 하늘의 별처럼 많게 하고 내가 허락한 이 온 땅을 너희의 자손에게 주어 영원한 기업이 되게 하리라 하셨나이다 여호와께서 뜻을 돌이키사 말씀하신 화를 그 백성에게 내리지 아니하시니라(출 32:12-14).

모세가 40일 동안 시내 산에 올라가고 없었을 때에 이스라엘 백성들은 제단을 쌓고 금으로 송아지 형상을 만들어 숭배했습니다. 이에 하나님께서 진노하여 이스라엘 백성들을 진멸하겠다고 말씀하셨습니다. 모세가 하나님 앞에 나아가 그들의 죄 용서를 위해 기도하자 하나님께서 뜻을 돌이켜 화를 내리지 않기로 하십니다. 모세의 기도가 하나님의 뜻을 돌이킵니다.

구하옵나니 주의 인자의 광대하심을 따라 이 백성의 죄악을 사하시되 애굽에서부터 지금까지 이 백성을 사하신 것 같이 사하시옵소서 여호와께서 이르시되 내가 네 말대로 사하노라(민 14:19-20).

이스라엘의 열두 정탐꾼들이 가나안을 정탐하고 돌아와서는 그 땅 거민들이 너무 강하여 가나안에 들어갈 수 없다고 보고했습니다(민 13장). 이 말을 들은 이스라엘 백성들이 어리석게도 하나님을 원망했습니다. 그래서 하나님은 이스라엘 백성들을 전염병으로 치겠다고 하셨습니다. 이에 모세가 하나님께 용서를 구하고 기도하자 하나님은 그 백성들의 죄를 용서해 주셨습니다.

기도는 사람의 마음을 움직입니다

이사야가 성읍 가운데까지도 이르기 전에 여호와의 말씀이 그에게 임하

여 이르시되(왕하 20:4).

기도하면 하나님이 뜻을 돌이키시고, 기도하면 하나님이 사람
의 마음을 움직이십니다. 이사야 선지자가 히스기야의 병은 죽을
병이라고 했습니다.

그 때에 히스기야가 병들어 죽게 되매 아모스의 아들 선지자 이사야가

그에게 나아와서 그에게 이르되 여호와의 말씀이 너는 집을 정리하라

네가 죽고 살지 못하리라 하셨나이다(왕하 20:1).

히스기야 왕이 기도하자 하나님께서 이사야에게 왕의 생명을
15년 더 연장한다고 말씀하셨습니다. 이사야 선지자도 하나님의
음성을 듣고 왕에게 말하였습니다. 이사야가 왕에게 전한 말은 그
의 바람이나 소원이 아닙니다. 병상에 있는 사람에게 건네는 위로
가 아닙니다. 이사야가 스스로 꺼낸 말을 뒤집어야 할 만큼 하나
님의 분명하고 거역할 수 없는 역사였습니다. 기도의 응답은 사실
이고 실제입니다.

기도는 하나님께서 듣고, 보고 계십니다

너는 돌아가서 내 백성의 주권자 히스기야에게 이르기를 왕의 조상 다
윗의 하나님 여호와의 말씀이 내가 네 기도를 들었고 네 눈물을 보았노
라 내가 너를 낫게 하리니 네가 삼 일 만에 여호와의 성전에 올라가겠

고(왕하 20:5).

하나님께서 기도 소리를 들으시고 눈물을 보시고, 직접 문제를 고치십니다. 기도는 의사 전달을 하는 것이 아닙니다. 하나님께서는 히스기야의 소리를 들으시고 눈물을 보셨습니다. 하나님께서는 히스기야의 좀 더 살고 싶다는 의사를 전달받은 것이 아니라 간절한 그의 마음을 보셨습니다. 그의 흘리는 눈물을 보셨습니다.

그는 육체에 계실 때에 자기를 죽음에서 능히 구원하실 이에게 심한 통곡과 눈물로 간구와 소원을 올렸고 그의 경건하심으로 말미암아 들으심을 얻었느니라(히 5:7).

예수님도 통곡과 눈물로 기도했습니다. 예수님의 기도에서 배워야 합니다. 예수님의 기도에는 늘 세 가지가 흐르고 있었습니다. 땀이 흐르고, 눈물이 흐르고, 피가 흘렀습니다. 성경은 예수님이 겟세마네 동산에서 기도하실 때에 땀방울이 핏방울이 되었다고 했습니다. 또한 나사로가 죽었을 때도 예수님은 눈물을 흘리셨습니다. "이르시되 그를 어디 두었느냐 이르되 주여 와서 보옵소서 하니 예수께서 눈물을 흘리시더라"(요 11:34-35). 또한 예수님은 그의 뜻이 아니라 하나님 아버지의 뜻이 이뤄지도록 기도하셨고 십자가에서 죽음으로 순종하셨습니다.

여호와의 눈은 온 땅을 두루 감찰하사 전심으로 자기에게 향하는 자들을 위하여 능력을 베푸시나니 이 일은 왕이 망령되이 행하였은즉 이 후부터는 왕에게 전쟁이 있으리이다 하매(대하 16:9).

11장 능력이 임하는 기도

요 4:46-53

⁴⁶ 예수께서 다시 갈릴리 가나에 이르시니 전에 물로 포도주를 만드신 곳이라 왕의 신하가 있어 그의 아들이 가버나움에서 병들었더니

⁴⁷ 그가 예수께서 유대로부터 갈릴리로 오셨다는 것을 듣고 가서 청하되 내려오셔서 내 아들의 병을 고쳐 주소서 하니 그가 거의 죽게 되었음이라

⁴⁸ 예수께서 이르시되 너희는 표적과 기사를 보지 못하면 도무지 믿지 아니하리라

⁴⁹ 신하가 이르되 주여 내 아이가 죽기 전에 내려오소서

⁵⁰ 예수께서 이르시되 가라 네 아들이 살아 있다 하시니 그 사람이 예수께서 하신 말씀을 믿고 가더니

⁵¹ 내려가는 길에서 그 종들이 오다가 만나서 아이가 살아 있다 하거늘

⁵² 그 낫기 시작한 때를 물은즉 어제 일곱 시에 열기가 떨어졌나이다 하는지라

⁵³ 그의 아버지가 예수께서 네 아들이 살아 있다 말씀하신 그때인 줄 알고 자기와 그 온 집안이 다 믿으니라

능력이 임하는 기도

::   기도는 하나님의 능력이 임하는 것입니다. 기도는 인간의 능력이 계발되거나 발달하는 것이 아닙니다. 하나님의 능력이 위로부터 아래로 임하는 것입니다.

> 베드로가 이르되 은과 금은 내게 없거니와 내게 있는 이것을 네게 주노니 나사렛 예수 그리스도의 이름으로 일어나 걸으라 하고 오른손을 잡아 일으키니 발과 발목이 곧 힘을 얻고 뛰어 서서 걸으며 그들과 함께 성전으로 들어가면서 걷기도 하고 뛰기도 하며 하나님을 찬송하니 (행 3:6-8).

베드로가 성전 미문에 앉아 있던 사람에게 예수님의 이름으로 명하자 곧 그의 발과 발목이 힘을 얻었습니다. 능력이 그에게 임하였습니다. 기도는 능력이 임합니다.

요한복음 4장에는 아들이 병들어 괴로움을 당하는 왕의 신하가 나옵니다. 신하는 예수님께 부탁을 했고 아들은 병이 나았습니다. 그동안 예수님의 능력으로 치유된 사람들은 대부분이 예수님을 직접 만나거나 안수를 받았습니다. 그런데 본문에 나오는 신하의 아들은 예수님을 본 적이 없습니다. 자신도 모르는 사이에 아버지의 믿음 덕분에 치유받은 것입니다. 아들 자신과 상관없이 어떤 능력이 아들에게 임했습니다.

사람들은 믿음을 어떤 정신적인 작용으로 생각합니다. 그러나 믿음은 시공간을 초월하여 임하는 능력입니다. 인본적으로 생각하는 믿음은 어떤 대상에 대한 확신이 깊은 상태나 그 대상에 대한 사람들의 반응을 말합니다. 그러나 성경에서 말하는 믿음은 주님으로부터 임하는 능력입니다.

주님의 말씀을 들어야 합니다

예수께서 이르시되 가라 네 아들이 살아 있다 하시니 그 사람이 예수께서 하신 말씀을 믿고 가더니(요 4:50).

신하는 주님의 말씀을 들었고 믿었습니다. 믿음은 그저 사람이 원하는 것이 아닙니다. 신하가 예수님을 만나러 올 때는 오직 예수님께서 아들을 치유해 주기를 원했습니다. 그냥 원하고 바랐습니다. 이런 바람이 믿음이 된 것은 주님의 말씀을 들었기 때문입니다. 아들이 살아 있다는 예수님의 말씀을 들었습니다. 이제 신하는 주님의 그 말씀을 믿었습니다. 그 믿음이 능력이 되었습니다. 주님의 말씀을 들을 때 믿음이 역사합니다.

주님의 말씀을 믿어야 합니다

예수께서 이르시되 가라 네 아들이 살아 있다 하시니 그 사람이 예수께
서 하신 말씀을 믿고 가더니 내려가는 길에서 그 종들이 오다가 만나서
아이가 살아 있다 하거늘(요 4:50-51).

신하는 주님이 치유하시리라 믿었기 때문에 주님의 말씀을 믿
고 집으로 돌아갔습니다. 아직 아무런 표적도 없지만 주님이 치유
하실 것이라는 말씀을 믿고 집으로 돌아갔습니다.

믿음은 생각과 다릅니다. 우선, 생각은 사람에게 근거합니다. 아
이의 병세가 호전되는 현상이 있어야 생각이 동의합니다. 생각은
현실과 사실을 따라갑니다. 반면 믿음은 주님에게 근거합니다. 아
이가 여전히 낫지 않아도 주님이 하실 것을 믿고 갑니다. 믿음은
현상과 사실을 바꿉니다. 포도주는 포도가 발효되어야 합니다. 그
러나 주님의 말씀을 믿으면 물이 포도주로 변화됩니다.

또한 생각은 지식이 발달해야 생깁니다. 지식을 통해 사람의 의
식이 발전합니다. 반면 믿음은 주님의 말씀을 많이 들어야 합니
다. 하나님의 말씀이 영을 자라게 합니다.

능력은 사람의 의식을 초월합니다

그의 아버지가 예수께서 네 아들이 살아 있다 말씀하신 그때인 줄 알고
자기와 그 온 집안이 다 믿으니라(요 4:53).

신하가 믿음을 가질 때에 아들이 나았습니다. 믿음은 본인이 가
지는 간절한 마음이 아닙니다. 아들은 전혀 그런 기대를 품지 않

았습니다. 다만 아버지의 믿음을 통해 기적이 일어난 것입니다. 이는 믿음의 능력은 사람의 의식을 초월한 능력이라는 말입니다. 믿음의 능력은 사람의 의식과 상관이 없습니다. 사람의 의식과 전혀 상관없이 능력이 역사했습니다.

기도의 능력은 사람이 느끼고 알아야 하는 것이 아니라 오직 주님으로부터 임하는 것입니다. 주님이 능력입니다.

오늘의 기도

제 영혼, 30배, 60배, 100배의 결실을 맺는 좋은 땅이 되게 하심을 찬양합니다. 생명의 양식을 주시고 영혼을 부요케 하소서. 슬픔으로 문을 열어 기쁨으로 통하는 새 문을 열게 하시고, 근심으로 문을 열어 소망의 새 창을 열게 하소서. 두려움으로 문을 열어 평안의 방으로 들어가게 하시고, 질병의 고통으로 문을 열어 치유와 회복의 뜰로 나가게 하소서. 기도 제목으로 문을 열어 응답의 궁전에 들어가게 하소서.

12장 기도의 효과

마 7:7-11

7 구하라 그리하면 너희에게 주실 것이요 찾으라 그리하면 찾아낼 것이요 문을 두드리라 그리하면 너희에게 열릴 것이니

8 구하는 이마다 받을 것이요 찾는 이는 찾아낼 것이요 두드리는 이에게는 열릴 것이니라

9 너희 중에 누가 아들이 떡을 달라 하는데 돌을 주며

10 생선을 달라 하는데 뱀을 줄 사람이 있겠느냐

11 너희가 악한 자라도 좋은 것으로 자식에게 줄 줄 알거든 하물며 하늘에 계신 너희 아버지께서 구하는 자에게 좋은 것으로 주시지 않겠느냐

12장 기도의 효과

::   기도에는 감히 말로 표현할 수 없을 정도
로 거룩한 실재의 세계가 있습니다. 기도는 하늘에도 닿을 수 있
으며 그 어느 곳까지도 나아갈 수 있는 능력입니다. 기도는 하나
님의 능력을 덧입게 합니다. 기도는 축복에 이르는 정도이며, 타
인에게 복을 베풀 수 있는 최고의 능력입니다. 기도는 하나님께서
주신 최고의 선물입니다.

기도는 하나님께서 응답하십니다

하나님께서 기도에 응답하신다는 사실에는 세 가지 성경적 근
거를 찾을 수 있습니다.

첫째, 기도의 응답에 대해 하나님께서 먼저 약속하셨습니다.

구하라 그리하면 너희에게 주실 것이요 찾으라 그리하면 찾아낼 것이요
문을 두드리라 그리하면 너희에게 열릴 것이니 (마 7:7).

세상의 기도는 사람이 만든 것이지만 우리의 기도는 하나님께서 먼저 약속하셨습니다.

둘째, 하나님은 능력 있는 분이십니다. 하나님은 우주만물을 다스리는 분이십니다. 무엇을 구하여도 들어주실 수 있는 능력 있는 분이십니다. 부모가 아무리 자녀를 사랑하더라도 능력이 없으면 자녀의 부탁을 전부 들어줄 수 없습니다.

셋째, 하나님은 우리를 사랑하십니다. 하나님은 우리를 사랑하시기 때문에 무엇이든지 응답하십니다.

> 너희가 악한 자라도 좋은 것으로 자식에게 줄 줄 알거든 하물며 하늘
> 에 계신 너희 아버지께서 구하는 자에게 좋은 것으로 주시지 않겠느냐
> (마 7:11).

기도는 자신의 문제를 정확하게 표현하는 것입니다

자신의 문제를 인식하는 사람이 기도합니다. 기도한다는 것은 자신의 문제를 언어화했다는 것입니다. 언어는 사실의 조감도입니다. 사람의 뇌신경 가운데 언어신경이 가장 빨리 반응합니다. 예를 들어 우리가 레몬이나 석류라는 말만 들어도 침이 솟습니다. 언어가 신경을 자극하기 때문입니다. 자신의 문제를 언어로 말한다면 그만큼 해결 능력이 높은 것입니다.

한국 사람들의 대표적인 기도가 통성 기도인데, 실제적으로 자신의 기도 소리를 귀로 듣는 것은 심리적으로도 매우 큰 영향을 미칩니다. 사람은 자신의 믿음대로 행동합니다. 자신의 기도가 응답되어 병이 치유된다고 말하고 믿으면 몸이 그렇게 반응합니다. 기도는 자신의 문제를 정확한 언어로 표현하는 것입니다.

기도는 하나님과 함께 있다는 연대감을 갖는 것입니다

기도한다는 것은 기도의 대상이 있다는 말입니다. 기도하는 사람은 문제를 해결해 줄 대상을 가지고 있다는 말입니다. 누군가와 함께 문제를 나누고 있다는 연대감을 가지는 것입니다.

어떤 공사장에 추락 사고가 자주 발생했습니다. 어느 날, 예방 차원에서 공사장 바닥에 그물을 쳐 놓았습니다. 그랬더니 그때부터 사고가 줄었습니다. 인부들은 그물망이 자신들을 지켜 줄 것이라는 믿음을 가지고 있었기 때문에 더욱 자신 있게 작업할 수 있었습니다.

기도하는 사람은 기도하는 그 순간부터 모든 의식이 문제 해결의 길을 찾아갑니다. 무엇을 보더라도 자신의 기도와 관련을 짓습니다. 어떤 사람을 만나더라도 문제 해결과 관련을 짓습니다. 문제를 가진 사람은 반드시 답을 찾게 되어 있습니다.

오늘의 기도

어둠이 거하지 못하는 빛 되신 주님을 찬양합니다. 그 완전한 밝음이 제 안에도 거하게 하소서. 메말라 가는 제 영혼에 주님의 은혜가 흐르게 하소서. 기근의 땅에 살지만 주님의 언약을 소망 삼아 그날을 향해 찬송하며 걸어가게 하소서. 때마다 성령을 보내셔서 모든 길의 안내자가 되게 하시며, 하늘의 평화로 땅의 염려와 근심과 불의함을 멸하소서.

13장 **응답의**
원리

행 16:6-10

⁶ 성령이 아시아에서 말씀을 전하지 못하게 하시거늘 그들이 브루기아
와 갈라디아 땅으로 다녀가

⁷ 무시아 앞에 이르러 비두니아로 가고자 애쓰되 예수의 영이 허락하지
아니하시는지라

⁸ 무시아를 지나 드로아로 내려갔는데

⁹ 밤에 환상이 바울에게 보이니 마게도냐 사람 하나가 서서 그에게 청
하여 이르되 마게도냐로 건너와서 우리를 도우라 하거늘

¹⁰ 바울이 그 환상을 보았을 때 우리가 곧 마게도냐로 떠나기를 힘쓰니
이는 하나님이 저 사람들에게 복음을 전하라고 우리를 부르신 줄로
인정함이러라

응답의 원리

::   바울이 아시아에서 말씀을 전하려고 했
지만 성령께서 막으셨습니다. 비두니아로 가고자 하였지만 예수
의 영이 허락하지 않으셨습니다. 드로아에 더 이상 길이 없었습니
다. 드로아는 항구입니다. 오직 바다를 건너는 수밖에 길이 없었
습니다. 바울은 더 이상 갈 곳이 없어 밤이 늦도록 기도하였습니
다. 그 밤에 마게도냐로 건너와 도와 달라는 환상을 보았습니다.
바울은 성령의 인도하심을 따라 마게도냐로 건너가 복음을 전하
고 빌립보 교회를 세웠습니다.

  바울은 자신이 생각하던 길이 막혔을 때 기도했습니다. 기도하
자 성령께서 그분의 뜻대로 바울의 길을 인도하셨습니다.

기도는 응답이 계획되어 있습니다

성령이 아시아에서 말씀을 전하지 못하게 하시거늘 그들이 브루기아와
갈라디아 땅으로 다녀가 무시아 앞에 이르러 비두니아로 가고자 애쓰되

예수의 영이 허락하지 아니하시는지라(행 16:6-7).

바울은 아시아로 가고자 했다가 길이 막히자 비두니아로 가고자 했습니다. 그런데 하나님은 처음부터 빌립보로 보내기로 작정하셨습니다. 아시아와 비두니아의 길이 막힌 것은 실패가 아니라 하나님의 인도하심입니다. 그리스도인의 기도에는 먼저 하나님의 응답이 계획되어 있습니다. 응답이 없다는 것은 정말로 하나님이 응답하지 않으신 게 아니라 하나님의 뜻이 아직 이르지 않은 것입니다. 주님은 바울이 빌립보로 갈 때까지 다른 길들을 막으신 것입니다.

기도 응답은 영으로 받습니다

밤에 환상이 바울에게 보이니 마게도냐 사람 하나가 서서 그에게 청하여 이르되 마게도냐로 건너와서 우리를 도우라 하거늘(행 16:9).

응답은 환상으로 임하였습니다. 사실은 지식으로 아는 것이지만 환상은 계시로 아는 것입니다. 지식은 사람이 노력해서 얻는 것이지만 계시는 하나님이 보여 주시는 것입니다. 하나님께서 보여 주시는 것이 진리입니다.

기도를 많이 하고 오래 하면 점점 영적인 감각들이 살아납니다. 바울도 드로아 바닷가에서 오직 주님의 음성을 기다리며 간절히 기도하자 환상이 보였습니다. 사도 요한은 밧모섬에서 매일 밤 동굴에 들어가 기도하면서 환상과 계시의 말씀을 들었습니다. 다니엘이 매일 세 번씩 시간을 정하여 기도하자 하나님의 계시의 말씀을 듣게 되었습니다.

시간과 공간을 초월하여 응답합니다

우리가 드로아에서 배로 떠나 사모드라게로 직행하여 이튿날 네압볼리
로 가고 거기서 빌립보에 이르니 이는 마게도냐 지방의 첫 성이요 또 로
마의 식민지라 이 성에서 수일을 유하다가 안식일에 우리가 기도할 곳
이 있을까 하여 문 밖 강가에 나가 거기 앉아서 모인 여자들에게 말하는
데 두아디라 시에 있는 자색 옷감 장사로서 하나님을 섬기는 루디아라
하는 한 여자가 말을 듣고 있을 때 주께서 그 마음을 열어 바울의 말을
따르게 하신지라 그와 그 집이 다 세례를 받고 우리에게 청하여 이르되
만일 나를 주 믿는 자로 알거든 내 집에 들어와 유하라 하고 강권하여 머
물게 하니라(행 16:11-15).

바울을 마게도냐로 인도하신 성령은 이미 빌립보에서 옷감 장
수 루디아를 예비하고 있었습니다. 응답은 시간과 공간을 초월하
여 이루어집니다. 응답은 우리가 모르는 곳에서도 예비되어 있습
니다.

오늘의 기도

날마다 새로운 은혜를 주시고, 제 안에 새롭고 놀라운 일이 일어나게 하심을 찬양합니다. 기도 중에 주의 영광이 임하기를 소원합니다. 주의 임재 가운데 찬양하고 기도하며 말씀을 듣게 하소서. 사모하는 이에게 은혜를, 말씀 듣는 이에게 깨달음을, 기도하는 이에게 응답을, 병중에 있는 이에게 치유를 주시는 복된 시간 되게 하소서.

14장 # 기도가 중요한 이유

벧전 4:7

[7] 만물의 마지막이 가까이 왔으니 그러므로 너희는 정신을 차리고 근신

하여 기도하라

기도가 중요한 이유

::   기도는 하나님이 먼저 방법을 만들고 우리가 그 약속을 따르는 것입니다. 기도의 응답은 하나님이 약속하신 곳에 가서야 받을 수 있습니다. 기도는 우리가 할 수 있는 대로 하는 것이 아니라 하나님이 원하시는 분량만큼 해야 하는 것입니다. 여기에 기도를 더 오래 하고 전념해야 하는 비밀이 있습니다.

위대한 기도의 사람들을 보면 하나같이 기도에 전념했던 사람들입니다. 기도의 모양은 있지만 기도의 능력을 잃어버린 무장해제된 그리스도인들은 영적 전쟁에서 패배할 수밖에 없습니다. 많은 사람들이 기도한다고 하면서도 기도의 임계점을 넘어서지 못합니다. 주님과의 더 깊은 만남 가운데로 나아가지 못합니다. 깊은 기도가 중요한 이유를 모르기 때문입니다.

기도를 통해 하나님을 만납니다

하나님을 가까이하라 그리하면 너희를 가까이하시리라(약 4:8).

하나님께서 인간을 다스리실 때 기도보다 중요한 통로는 없습니다. 하나님의 능력은 기도의 가장 강력한 힘이 있을 때에만 역사합니다.

애굽의 속박에서 이스라엘을 구원하신 하나님의 역사는 모세의 기도에서 시작되었습니다. 아들을 달라고 기도했던 한나의 간절한 기도가 사무엘을 낳았습니다. 에스더의 목숨을 건 기도는 나라를 구원하였습니다. 초대교회는 사도들의 기도에서 시작되었습니다.

그리스도인은 기도를 통해서만 하나님을 만납니다. 하나님을 만나지 못하는 것은 하나님이 가까이 계시지 않아서가 아니라, 하나님이 현존하신다는 것을 깨닫지 못하기 때문입니다.

기도하지 않는다면 하나님을 발견할 수 없습니다.

기도할 때 성령이 충만해집니다

오순절 날이 이미 이르매 그들이 다 같이 한곳에 모였더니 홀연히 하늘로부터 급하고 강한 바람 같은 소리가 있어 그들이 앉은 온 집에 가득하며 마치 불의 혀처럼 갈라지는 것들이 그들에게 보여 각 사람 위에 하나씩 임하여 있더니 그들이 다 성령의 충만함을 받고 성령이 말하게 하심을 따라 다른 언어들로 말하기를 시작하니라(행 2:1-4).

교회가 합심하여 기도하면 더욱 강력한 성령의 역사가 나타납니다. 사도행전을 보면 120명의 제자가 마가의 다락방에서 기도할 때 오순절 성령 충만의 역사가 나타났습니다.

주여 이제도 그들의 위협함을 굽어보시옵고 또 종들로 하여금 담대히 하나님의 말씀을 전하게 하여 주시오며 손을 내밀어 병을 낫게 하시옵고 표적과 기사가 거룩한 종 예수의 이름으로 이루어지게 하옵소서 하더라 빌기를 다하매 모인 곳이 진동하더니 무리가 다 성령이 충만하여 담대히 하나님의 말씀을 전하니라(행 4:29-31).

베드로와 사도들이 한자리에 모여 한마음으로 기도했습니다. 그들이 빌기를 다하매 모인 곳이 진동하고 다 성령이 충만했습니다. 기도하면 성령이 역사합니다. 기도의 자리는 성령의 발전소입니다.

기도는 자신을 이기는 힘입니다

시험에 들지 않게 깨어 기도하라 마음에는 원이로되 육신이 약하도다 하시고(마 26:41).

우리는 주님께 무언가를 얻기 위해 기도합니다. 그러나 그보다 중요한 게 있습니다. 우리는 시험에 들지 않기 위해 기도합니다. 주기도문에도 "우리를 시험에 들게 하지 마옵시고"라고 되어 있습니다. 우리의 삶은 언제나 시험에 노출되어 있다는 뜻입니다. 인간의 본성으로는 자신을 꺾지 못합니다. 하나님을 잘 믿다가도 돌아섭니다.

예수님이 처음 공생애를 시작하고 40일 광야에서 받은 시험은 사탄으로부터 왔고, 예수님의 최후의 기도는 "나의 뜻대로 마옵시고"입니다. 마귀보다 힘든 것이 자신입니다. 잘못 형성된 나의 가치관을 바꾸는 것은 정말 어렵습니다. 나를 꺾는 유일한 방법이 기도입니다.

스펄전은 기도하지 않고 성공했으면 성공한 것 때문에 망한다고 말했습니다. 기도하고 성공하면 겸손해집니다. 그러나 기도하지 않고 성공하면 교만해집니다.

세상에 기도를 대신할 것은 아무것도 존재하지 않습니다. 기도는 기도로 채워야 하고, 기도는 기도로 풀어야 합니다.

오늘의 기도

새 날에 새 은혜와 새 역사를 사모합니다. 새 날에 새 응답을 믿습니다. 오늘도 하나님이 이루시는 일들을 기대하고 사모합니다. 오늘은 특별히 자녀들을 축복합니다. 하나님의 말씀으로 자라게 하시고, 하나님의 보호 아래 있게 하시고, 하나님의 뜻을 이루는 자녀가 되게 하소서. 성령의 기름 부으심이 있게 하소서.

15장 기도의 생활

눅 21:34-36

³⁴ 너희는 스스로 조심하라 그렇지 않으면 방탕함과 술취함과 생활의 염려로 마음이 둔하여지고 뜻밖에 그날이 덫과 같이 너희에게 임하리라

³⁵ 이날은 온 지구상에 거하는 모든 사람에게 임하리라

³⁶ 이러므로 너희는 장차 올 이 모든 일을 능히 피하고 인자 앞에 서도록 항상 기도하며 깨어 있으라 하시니라

15장 기도의 생활

::   기도는 신앙의 가장 기초적이고 본질적인 활동입니다. 하나님을 믿는 사람은 기도하며 사는 사람들입니다. 하나님은 기도하는 사람을 사랑하시고, 그들의 기도를 들으시며, 그 기도에 응답하시고, 기도를 통해 하나님의 일을 행하십니다.

기도는 단순한 권유가 아니라 명령입니다. 많은 그리스도인이 기도를 단지 신앙생활의 일부로 생각합니다. 기도는 신앙의 본질적이고 절대적인 요소입니다. 예수님은 겟세마네 동산에서 잠든 제자들을 향해 깨어 기도하라고 명하셨습니다. 이 잠은 육신의 잠만이 아니라 영적 잠을 의미합니다. 기도는 영적으로 깨어 있음입니다. 기도만이 우리 영혼이 넘어지지 않도록, 마비되지 않도록, 악에 빠지지 않도록 지켜 줍니다.

기도 분량의 목표를 정해야 합니다

기도에는 분량이 있습니다. 아무리 방향이 바르고 좋은 기도를 하더라도 기도의 분량이 부족하면 주님의 보좌에까지 올라가지 못합니다. 많은 사람이 기도를 쌓지 않고 일관성 없이 기분과 감정을 따라 기도합니다. 기도가 꾸준하게 쌓이지 않습니다.

기도의 양과 수준의 문제는 실제로 기도에서 가장 중요한 부분이지만, 두 요소의 균형을 찾기란 말처럼 간단하지 않습니다. 많은 성도가 기도의 양보다는 수준에 대해 더 강조하는 경향이 있습니다. 양보다는 수준이 중요한 것은 원칙적으로 올바른 지적이지만, 수준 높은 기도는 기도의 분량을 많이 쌓지 않으면 불가능합니다.

훌륭한 선수는 좋은 경기를 보여 주기 위해 피나는 연습을 합니다. 짧은 시간에 멋진 경기를 보여 주어야 하는 선수들은 경기를 앞두고 수백 배에 달하는 시간을 연습에 투자합니다. 훌륭한 기도가 되기 위해서는 오랜 시간 동안 기도하는 훈련이 필요합니다.

기도를 처음 시작하는 사람이거나 거듭남을 경험한 후 기도에 대해 알기 시작한 사람의 경우에 장시간 그리고 오랫동안 꾸준하게 기도를 경험할 필요가 있습니다. 신앙생활은 기도로부터 시작하고 기도로 끝이 나는데, 어느 한순간 확 타오르다가 꺼지는 불과 같아서는 안 됩니다.

규칙적인 기도의 시간이 있어야 합니다

주님의 자녀인 우리의 삶이 풍성하지 못하다면 풍성한 기도가 없기 때문입니다. 그리스도인의 몸은 주님이 거하시는 성전인데, 기도하지 않으면 강도의 소굴이 되고 맙니다. 기도해야 한다는 것을 알면서도 기도하지 못하고 있다면, 보통은 일정한 기도의 시간을 마련하지 않았기 때문입니다.

앤드류 머레이(Andrew Murray)는 "일정한 기도 시간이 없는 사람은 기도하지 않는 사람이다"라고 말했습니다.

무디, 루터, 조지 뮬러, 존 웨슬리, 조나단 에드워즈 등 부흥의 주역을 감당한 수많은 믿음의 선배들을 보면 모두 엄청난 기도의 용사들이었습니다. 그리고 그 비결은 바로 자신만의 기도 시간을 정하고 매일 규칙적으로 기도했다는 것입니다. 기도 시간을 정하지 않으면 결코 지속적인 기도 생활을 할 수 없기 때문입니다. 일정한 기도 시간을 정하고 매일 그 시간에 주님과 독대해야 합니다.

기도를 아무 때나 어디서나 하겠다는 사람은 어느 시간에도, 어디에서도 기도를 하지 못합니다. 늘 기도보다 당장 눈앞에 벌어지는 일에 시간을 사용하기 때문입니다. 식사 시간을 정하여 밥을 먹듯이, 출근 시간을 정하여 일을 시작하듯이 기도의 시간도 정해야 합니다. 하물며 기도 시간은 식사 시간보다 출근 시간보다 더 중요하기 때문입니다. 시간이 나면 기도하는 것이 아니라 기도할 시간을 먼저 정해야 기도하게 됩니다.

기도의 습관이 있어야 합니다

우리는 살면서 90퍼센트는 습관대로 행동하고 10퍼센트만 의식대로 행동합니다. 하루하루를 대부분 무심코 행동하고 10퍼센트 정도만 생각을 하면서 산다는 말입니다. 기도의 사람이 되려면 기도의 습관을 길러야 합니다.

미국의 저명한 컨설던트 잭 D. 핫지는 《습관의 힘》에서 "우리의 행동은 무의식 속에서 미리 프로그램 되어 있다"라고 주장합니다. 지금 우리 모습은 오랫동안 시간을 거쳐 오면서 만들어졌다는 말입니다. 기도의 사람은 반드시 기도의 습관이 있어야 합니다.

주님과 직접 대화하고 성령의 인도를 받는 삶을 살면 의심과 흔들림은 설 자리를 잃고 맙니다. 지속적이고 깊이 있는 기도 생활의 핵심은 일정한 기도 시간을 정하고 기도하는 것입니다.

마라톤은 그 어떤 운동보다 끈기와 인내가 필요한 운동입니다. 결승점을 향해 멈추지 않아야 합니다. 완주해야 합니다. 기도도 응답이라는 결승점을 향해 멈추지 않아야 합니다.

예수님도 새벽부터 밤까지 기도하는 삶을 사셨습니다. 때로는 밤을 지새우며 기도하시고, 때로는 새벽 미명에 기도하셨습니다. 마틴 루터는 자신의 일이 너무 많아지자 기도의 시간을 더 늘려 하루 세 시간씩 기도했습니다.

존 웨슬리의 어머니 수잔나 웨슬리는 자녀를 열아홉 명 두었습니다. 그렇기 때문에 너무나 바쁘고 힘들게 생활했습니다. 그녀는 매일 한 시에서 두 시까지 침실에서 기도를 드렸습니다. 존 웨슬리, 찰스 웨슬리 같은 위대한 하나님의 사람들이 그녀의 자녀들이라는 것이 조금도 이상하지 않습니다.

오늘의 기도

오늘도 영을 새롭게 하시는 주님을 찬양합니다. 이 시간 드려지는 기도가 하늘나라에 믿음의 씨앗들로 심겨지게 하소서. 기도의 비밀, 기도의 축복, 기도의 능력이 임하게 하소서. 제 안에 짙은 어둠을 진리의 빛으로 밝게 하소서. 기도의 지경이 깊어지고 높아지고 넓어지게 하소서.

16장 규칙적인 기도

행 10:9-16

⁹ 이튿날 그들이 길을 가다가 그 성에 가까이 갔을 그때에 베드로가 기도하려고 지붕에 올라가니 그 시각은 제 육 시더라

¹⁰ 그가 시장하여 먹고자 하매 사람들이 준비할 때에 황홀한 중에

¹¹ 하늘이 열리며 한 그릇이 내려오는 것을 보니 큰 보자기 같고 네 귀를 매어 땅에 드리웠더라

¹² 그 안에는 땅에 있는 각종 네 발 가진 짐승과 기는 것과 공중에 나는 것들이 있더라

¹³ 또 소리가 있으되 베드로야 일어나 잡아먹어라 하거늘

¹⁴ 베드로가 이르되 주여 그럴 수 없나이다 속되고 깨끗하지 아니한 것을 내가 결코 먹지 아니하였나이다 한대

¹⁵ 또 두 번째 소리가 있으되 하나님께서 깨끗하게 하신 것을 네가 속되다 하지 말라 하더라

¹⁶ 이런 일이 세 번 있은 후 그 그릇이 곧 하늘로 올려져 가니라

규칙적인 기도

16장

::   베드로가 제 육 시에 기도하다가 환상을 보았습니다. 같은 날 가이사랴에서 기도하던 고넬료도 환상을 보았습니다. 고넬료는 구 시에 기도했습니다. 베드로는 성전 미문의 걷지 못하는 사람을 치유할 때도 기도 시간에 맞춰 성전으로 가는 길이었습니다.

> 하루는 제 구 시쯤 되어 환상 중에 밝히 보매 하나님의 사자가 들어와 이
> 르되 고넬료야 하니(행 10:3).
> 제 구 시 기도 시간에 베드로와 요한이 성전에 올라갈새(행 3:1).

성경은 이들이 기도한 시간을 증거하고 있습니다. 기도하는 사람은 기도하는 시간이 있습니다. 기도는 막연히 생각하는 것이 아니라 구체적으로 기도하는 시간을 드리는 것입니다. 기도하는 사람은 규칙적인 기도의 시간이 필요합니다.

E. M. 바운즈는 매일 새벽 4시에 일어나 반드시 3시간씩 기도하고 하루를 시작했습니다. 그는 하나님이 하실 수 있는 모든 일을

이루는 통로가 '기도'라는 사실을 삶으로 똑똑히 보여 주었습니다. 마틴 루터는 "만일 내가 새벽 3시간씩 기도하는 일을 실패하면 그날의 승리는 마귀에게로 돌아간다"라고 말했습니다. 존 웨슬리, 존 낙스도 매일 새벽 4시에 일어나 기도에 헌신한 사람들입니다.

규칙적인 기도는 믿음을 준비해 두는 것입니다

다니엘이 이 조서에 왕의 도장이 찍힌 것을 알고도 자기 집에 돌아가서는 윗방에 올라가 예루살렘으로 향한 창문을 열고 전에 하던 대로 하루 세 번씩 무릎을 꿇고 기도하며 그의 하나님께 감사하였더라(단 6:10).

다니엘은 늘 정기적인 시간을 정하여 기도했습니다. 기도는 응급조치가 아닙니다. 기도는 어려운 일을 당하여서만 하는 것이 아니라 평소에 정기적인 기도를 통해 영적 능력을 키우는 것입니다. 기도의 분량만큼 영적 능력이 나타납니다.

문제를 당해서 기도하려고 하지 말고 먼저 기도하여서 문제를 이길 믿음을 준비해 두어야 합니다.

저수지에 물을 많이 받아 두어야 농사철에 충분히 사용합니다. 저수지에 물이 채워져야 아래로 물이 흘러갈 수 있습니다. 가뭄이 들면 물을 얻을 수 없으니 비가 내릴 때 미리 물을 가두어 두어야 합니다.

규칙적인 기도는 영적인 충전입니다

자기 자신은 광야로 들어가 하룻길쯤 가서 한 로뎀 나무 아래에 앉아서 자기가 죽기를 원하여 이르되 여호와여 넉넉하오니 지금 내 생명을 거두시옵소서 나는 내 조상들보다 낫지 못하니이다 하고 로뎀 나무 아래에 누워 자더니 천사가 그를 어루만지며 그에게 이르되 일어나서 먹으라 하는지라 본즉 머리맡에 숯불에 구운 떡과 한 병 물이 있더라 이에 먹고 마시고 다시 누웠더니 여호와의 천사가 또 다시 와서 어루만지며 이르되 일어나 먹으라 네가 갈 길을 다 가지 못할까 하노라 하는지라 이에 일어나 먹고 마시고 그 음식물의 힘을 의지하여 사십 주 사십 야를 가서 하나님의 산 호렙에 이르니라(왕상 19:4-8).

갈멜산의 위대한 승리를 이룬 선지자 엘리야에게도 영적 침체가 찾아왔습니다. 이세벨의 위협을 받고 그는 스스로 죽기를 청했습니다. 하나님은 그를 호렙으로 불러 위로하고 새 힘을 주어서 다시 사역의 현장으로 보냅니다. 지도자도 영적 침체를 경험합니다. 그리스도인들은 누구나 기도를 통해 영적 충전을 해야 합니다. 기름이 다 타면 다시 기름을 채워야 합니다.

전기는 꼭 사용해야만 없어지는 것이 아닙니다. 자동차를 운행하지 않고 세워 두어도 방전이 됩니다. 휴대폰을 사용하지 않아도 오래도록 방치하면 배터리가 방전됩니다. 영적 에너지도 시간이 지나면 우리도 모르게 소모되고 방전됩니다. 그리스도인은 늘 기도를 통해 성령 충만함을 유지해야 합니다. 기도를 많이 하는 만큼 성령 충만함을 누릴 것입니다.

규칙적인 기도는 영적인 갈망이 발달합니다

우물의 물은 퍼낼수록 더욱 맑아지고 풍부해집니다. 기도도 마찬가지입니다. 기도는 하면 할수록 더 하고 싶은 갈망이 생깁니다. 기도의 삶을 살면 하나님과 단둘이 더 많은 시간을 보내고 싶은 갈망이 점점 커집니다.

"내 생활이 곧 기도니까 굳이 따로 기도할 필요가 없다"라고 생각하는 사람들이 있습니다. 착각입니다. 오히려 하나님과 단둘이 시간을 보내면 함께 기도하고 싶은 갈망은 늘 더 커지는 법입니다. 기도할수록 우리 속에는 주님과 단둘이 있고 싶은 갈망이 싹틉니다.

주님은 수많은 인파와 소란한 소리들 속에서도 여전히 당신의 옷자락을 만지는 한 여인의 간청을 들으시는 분입니다. 기도는 우리가 누릴 수 있는 가장 큰 하나님의 선물입니다.

오늘의 기도

'영접하는 자 곧 그 이름을 믿는 자들에게는 하나님의 자녀가 되는 권세를 주셨으니 이는 혈통으로나 육정으로나 사람의 뜻으로 나지 아니하고 오직 하나님께로부터 난 자들이니라'(요 1:12-13)는 말씀을 믿습니다. 하나님께로부터 난 생명의 충만함을 누리게 하소서. 하나님의 뜻을 알게 하시고 주님의 능력을 얻게 하소서.

17장 기도의 언어

롬 10:10

[10] 사람이 마음으로 믿어 의에 이르고 입으로 시인하여 구원에 이르느니라

기도의 언어

::   말은 공중에 흩어져 사라지는 연기가 아니라 하나님의 보좌 앞에 올라가는 향기입니다. 하나님은 우리의 말을 따라 행하십니다. 하나님은 말을 따라 역사하십니다.

말은 그 사람의 인생을 결정할 정도로 영향력이 큽니다. 습관적으로 실패의 말을 내뱉는 사람은 불행한 삶을 살 수 밖에 없습니다. 스스로 긍정적인 사람은 건강한 삶을 삽니다. 인생의 방향을 바꾸고 싶다면 말을 바꾸어야 합니다.

기도의 언어가 중요한 것은 하나님께서 말을 따라 역사하시기 때문입니다. 하나님은 주권자요 전능자이기 때문에 모든 것을 원하는 대로 행하실 수 있습니다. 그리스도인의 말 속에 하나님에 대한 믿음이 있기 때문에 하나님은 말을 따라 역사하시는 것입니다.

기도 응답은 기도자의 믿음대로 됩니다. 사람의 말 속에 믿음이 있습니다. 하나님께서 우리의 필요를 모르기 때문에 말하라고 하시는 것이 아닙니다. 하나님은 전지한 분이기에 모든 것을 아십니다. 그리스도인의 언어가 중요한 것은 그 일에 대한 믿음을 나타내기 때문입니다.

소원의 언어로 기도해야 합니다

구하라 그리하면 너희에게 주실 것이요 찾으라 그리하면 찾아낼 것이요 문을 두드리라 그리하면 너희에게 열릴 것이니 구하는 이마다 받을 것이요 찾는 이는 찾아낼 것이요 두드리는 이에게는 열릴 것이니라 (마 7:7-8).

기도의 기본은 구하는 것입니다. 기도의 출발은 간구하는 것입니다. 예수님은 기도를 가르쳐 주실 때 먼저 '구하라'고 가르쳐 주셨습니다.

기도한다는 것은 구할 것이 있다는 것입니다. 구할 것이 있다는 것은 소원이 있다는 것입니다. 하나님은 소원을 두고 행하십니다. 그리고 소원을 이루기를 원하십니다.

소원을 소유한 사람만이 소원을 성취할 수 있습니다. 소원을 점검하지 않으면 소원이 있는 것을 모릅니다. 현실에 안주하기 때문에 소원을 알아내지 못합니다. 소원을 가졌지만 흐르는 세월 속에서 소원 성취의 소망을 상실해 버립니다. 소원을 성취하기 위해서는 소원하는 것이 무엇인지를 구체적으로 알아야 합니다. 소원이 없는 사람에게는 성취도 응답도 없습니다. 구한 것이 없기에 하나님께서 주셔도 그게 기도의 응답인지 모릅니다.

믿음의 언어로 기도해야 합니다

그러므로 내가 너희에게 말하노니 무엇이든지 기도하고 구하는 것은 받은 줄로 믿으라 그리하면 너희에게 그대로 되리라 (막 11:24).

기도하는 사람은 믿음의 사람입니다. 믿음이란 말씀에 반응하는 것입니다. 하나님 말씀에 반응하려면 말씀을 믿어야 합니다. 기도는 하나님의 말씀을 믿고, 그 말씀에 반응하는 것입니다. 하나님은 믿음으로 구하는 자에게 주신다고 말씀하셨습니다. 기도하는 사람은 구하는 자에게 주시겠다는 하나님의 말씀을 믿는 사람입니다. 믿음이 없이는 기도할 수 없습니다.

기도는 믿음의 언어로 해야 합니다. 그래야 큰 믿음이 생기고 큰 역사를 이룹니다. 세상은 사실의 언어로 살지만 천국은 믿음의 언어로 삽니다.

언어는 씨앗과 같습니다. 입 밖으로 나온 말은 무의식 속에 심어져 자랍니다. 말이 뿌리를 내리고 자라서 열매를 맺습니다. 삶 속에서 긍정적인 말을 하면 긍정적인 열매를 맺습니다. 부정적인 말을 하면 부정적인 열매를 맺습니다.

말의 힘을 잘 아는 의사가 환자에게 매일 한 번씩 "나의 몸은 구석구석 매일 좋아지고 있어"라고 선포하라고 권했습니다. 놀랍게도 그 환자는 다른 환자들보다 훨씬 빠르게 회복되었습니다.

말의 힘이 이 정도일진대 믿음의 언어는 이보다 더 큰 기적을 일으킵니다.

축복의 언어로 기도해야 합니다

부모의 한마디 말이 자녀의 운명을 결정합니다. 남편과 아내의 한마디 말이 가정의 화목을 좌우합니다. 경영자의 한마디 말이 직원들의 의욕을 살리기도 하고 죽이기도 합니다. 말은 그 말을 듣는 모든 사람의 미래에 막대한 영향을 미칩니다.

구약시대 사람들은 축복의 힘을 잘 알았습니다. 그 시대에는 가장의 죽음이 가까워지면 서열이 높은 아들부터 차례로 불러 그 머리에 손을 얹고 그의 미래를 축복했습니다. 가족들은 이 선포의 말을 유언으로 여겼습니다. 이 말에는 아들들의 미래에 성공과 번영과 건강을 가져다줄 영적 권위와 능력이 있습니다.

창세기 27장에는 이삭의 두 아들인 야곱과 에서의 이야기가 나옵니다. 야곱은 아버지 이삭을 속이고 축복권을 가로챘습니다. 야곱은 부정한 방법으로 장자의 복을 빼앗습니다. 그러나 야곱에게 내린 복은 유효합니다. 여기서 우리는 매우 중요한 사실을 발견합니다. 복은 복을 주는 사람에 달려 있는 것이지 복을 받는 사람의 상태에 근거하지 않는다는 것입니다. 야곱이 부정한 방법을 사용했지만 복은 이삭의 기원을 통해 야곱에게 임했습니다.

하나님의 복은 복을 빌어 주는 사람에게서 나가는 것이지 받는 사람에게 있지 않습니다. 누구든지 복을 빌어 주면 하나님의 은총이 임합니다.

오늘의 기도

제 영혼이 주님을 소망하며 기다립니다. 이 시간 영의 문을 열어 주시고, 말씀의 문을 열어 주소서. 기도의 문을 열어 주시고, 하늘 문을 열어 주소서. 주님의 임재를 사모하며 주님의 역사하심을 기대합니다. 기도의 불이 임하게 하소서. 성령의 불이 임하게 하소서. 부흥의 불이 임하게 하소서.

18장 믿음의 필요성

왕하 3:16-20

¹⁶ 그가 이르되 여호와의 말씀이 이 골짜기에 개천을 많이 파라 하셨나 이다

¹⁷ 여호와께서 이르시기를 너희가 바람도 보지 못하고 비도 보지 못하 되 이 골짜기에 물이 가득하여 너희와 너희 가축과 짐승이 마시리라 하셨나이다

¹⁸ 이것은 여호와께서 보시기에 작은 일이라 여호와께서 모압 사람도 당신의 손에 넘기시리니

¹⁹ 당신들이 모든 견고한 성읍과 모든 아름다운 성읍을 치고 모든 좋은 나무를 베고 모든 샘을 메우고 돌로 모든 좋은 밭을 헐리이다 하더니

²⁰ 아침이 되어 소제 드릴 때에 물이 에돔 쪽에서부터 흘러와 그 땅에 가득하였더라

믿음의 필요성

:: 　　　　　　이스라엘 요람 왕과 유다 여호사밧 왕과
에돔 왕이 연합하여 모압과의 전쟁을 위해 출정했습니다. 모압은
이스라엘의 속국으로 지내 왔는데 요람 왕 때에 조공 바치는 것을
거절했습니다. 그래서 요람 왕의 제안으로 모압을 치러 가는 길입
니다. 출정한 지 7일째 되는 날에 물이 떨어졌습니다.

　세 왕이 연합하여 전쟁에 나갔다가 위기를 맞자 하나님의 사람
을 찾아갔습니다. 선지자 엘리사는 개천을 많이 파라고 일러 주었
습니다. 그들은 선지자의 말씀을 따라 순종하여 물을 얻었고 전쟁
에 승리했습니다.

믿음이 있어야 기도할 수 있습니다

　열왕기하 3장에서는 가축이 마실 물이 없어 어려움에 빠졌을 때
문제를 대하는 전혀 다른 두 가지 태도를 발견할 수 있습니다.

　첫째, "주님께서 우리를 모압의 손에 넘겨주시려는구나"(왕하
3:10)라고 절망하는 이들이 있습니다. 이스라엘 요람 왕은 불의했

던 아합 왕의 아들입니다. 믿음이 없습니다. 하나님을 모르는 사람에게는 모든 문제가 심판일 뿐이고, 심판 앞에서는 두려움만 있을 뿐입니다.

둘째, "여기 주님의 예언자가 없습니까?"(왕하 3:11)라고 하나님의 뜻을 적극적으로 구하는 이들이 있습니다. 하나님의 도움을 구합니다. 여호사밧은 하나님 앞에 의로운 왕이었습니다. 순간의 태도는 평소의 믿음에서 나옵니다.

똑같이 문제에 직면했을 때 믿음이 없으면 절망하고, 믿음이 있으면 하나님의 도움을 구합니다. 믿음이 있어야 기도할 수 있습니다.

믿음이 있어야 순종할 수 있습니다

그가 이르되 여호와의 말씀이 이 골짜기에 개천을 많이 파라 하셨나이다(왕하 3:16).

지금 그들은 개천에 물이 말라서 고통을 받고 있습니다. 이들에게 필요한 것은 개천에 물이 흐르는 것입니다. 그런데 하나님은 개천을 많이 파라고 합니다. 개천은 지금 있는 것도 충분합니다. 이때 필요한 것이 말씀에 대한 전적인 믿음입니다. 하나님께서 개천을 많이 파라고 말씀하실 때는 순종해야 합니다. 기도하는 것도 믿음이 있어야 하고 응답을 받아 행하는 것도 믿음이 있어야 합니다.

가나의 혼인잔치 집에 포도주가 떨어졌습니다. 주님께서 항아리에 물을 채우라고 말씀하셨습니다. 그들은 포도주가 필요했지만 주님의 말씀을 따라 빈 항아리에 물을 채웠습니다. 그 물은 포도주로 변했습니다. 순종하면 기적이 일어납니다.

믿음이 있어야 기적이 일어납니다

아침에 모압 사람이 일찍이 일어나서 해가 물에 비치므로 맞은편 물이 붉어 피와 같음을 보고 이르되 이는 피라 틀림없이 저 왕들이 싸워 서로 죽인 것이로다 모압 사람들아 이제 노략하러 가자 하고(왕하 3:22-23).

믿음으로 순종하자 기적이 일어났습니다. 모압 사람들이 해가 물에 비치어 붉게 된 것을 보고 이스라엘 왕들이 흘리는 피라고 착각하고는 이스라엘을 침략했습니다. 아무런 준비 없이 시작한 전쟁에 모압 군대가 전멸했습니다. 하나님께서 물을 피처럼 보이게 하신 것입니다. 그들에게는 가축이 마실 물이 필요했습니다. 그러나 하나님께서 주신 물은 무기가 되었습니다. 그들은 물이 필요했지만 하나님은 무기를 주셨습니다. 그들 스스로는 물이 필요하다고 생각했지만 정말 그들에게 필요한 것은 전쟁의 승리였습니다. 하나님께서 순종한 백성들에게 더 크고 좋은 것을 주셨습니다.

그리스도인은 주님께서 주시는 것으로 더욱 완전해집니다.

오늘의 기도

하늘의 만나를 주실 주님을 찬양합니다. 구름 기둥과 불기둥으로 인도하여 주시는 주님, 홍해 앞에서 물을 마르게 하시는 하나님을 보게 하소서. 여리고성의 굳게 닫힌 문 앞에서 성벽을 무너뜨리는 하나님을 보게 하소서. 베데스다 연못에서 물이 움직이기를 기다리는 사람들에게 지금 일어나라고 말씀하시는 주님의 음성을 듣게 하소서.

응답받는 기도의 조건

딤전 2:1-2

¹ 그러므로 내가 첫째로 권하노니 모든 사람을 위하여 간구와 기도와
  도고와 감사를 하되
² 임금들과 높은 지위에 있는 모든 사람을 위하여 하라 이는 우리가 모
  든 경건과 단정함으로 고요하고 평안한 생활을 하려 함이라

19장 응답받는 기도의 조건

::   기도하면 응답을 받습니다. 기도하면 하나님의 사랑을 경험합니다. 기도하면 하나님의 음성을 듣습니다. 그런데 사람들은 기도하기를 주저합니다. 기도하는 것은 자신을 드리고 시간을 드려야 하는 일이기 때문입니다. 반면 기도하지 않는 것은 아무런 노력이 필요하지 않습니다. 사는 대로 살면 됩니다.

기도하는 것은 새로운 변화입니다. 그 변화를 경험하기 위해 기도할 수 있는 환경과 조건이 필요합니다.

기도의 목표를 정해야 합니다

그들이 여리고에서 떠나 갈 때에 큰 무리가 예수를 따르더라 맹인 두 사람이 길가에 앉았다가 예수께서 지나가신다 함을 듣고 소리 질러 이르되 주여 우리를 불쌍히 여기소서 다윗의 자손이여 하니 무리가 꾸짖어 잠잠하라 하되 더욱 소리 질러 이르되 주여 우리를 불쌍히 여기소서 다윗의 자손이여 하는지라 예수께서 머물러 서서 그들을 불러 이르시되 너희에게 무엇을 하여 주기를 원하느냐 이르되 주여 우리의 눈 뜨기를 원하나이다 예수께서 불쌍히 여기사 그들의 눈을 만지시니 곧 보게 되어 그들이 예수를 따르니라 (마 20:29-34).

주님은 문제를 안고 온 사람들에게 먼저 "네가 무엇을 원하느냐?" 하고 물으셨습니다. 그들이 무엇을 원하는지 그들의 필요를 몰라서 질문하신 것이 아닙니다. 주님은 그들이 말하는 것을 정말로 원하는지 알고 싶으셨습니다. 그것이 그들에게 가장 간절한 것인지를 묻고 있는 것입니다.

막연한 기도의 의무감이 아니라 자신이 반드시 기도해야 할 목표를 정하고 기도하십시오. 정상을 눈앞에 둔 사람과 이제 막 능선을 오르는 사람은 그 발걸음이 다릅니다. 고지를 눈앞에 둔 사람은 결코 포기하지 않습니다. 자신이 기도해야 할 분명한 목표를 눈앞에 두고 기도하십시오. 기도해야 할 목표가 분명한 사람은 결코 기도를 포기하지 않습니다.

기도의 방법을 정해야 합니다

예수께서 나가사 습관을 따라 감람산에 가시매 제자들도 따라갔더니 그곳에 이르러 그들에게 이르시되 유혹에 빠지지 않게 기도하라 하시고 (눅 22:39-40).

존 F. 케네디 대통령은 생전에 자주 아일랜드 소년들의 이야기를 했습니다. 아일랜드 소년들은 높은 울타리를 만나면 쓰고 있던 모자를 울타리 너머로 던진다고 합니다. 모자를 줍기 위해 어떻게든 울타리를 넘어야 할 것이기 때문입니다.

우리가 어떤 일을 결정하고 나서 그 일을 과감하게 시도하는 것은 모자를 던지는 것과 같습니다. 모자를 던지고 나면 그 다음으로 몸을 던질 수 있습니다.

과감하게 결정하면 쉬워집니다. 결단하면 지혜가 생깁니다. 능력도 생깁니다. 돕는 사람을 만나고 방법을 찾게 됩니다. 기도의 시간을 정하십시오. 기도 시간을 정해 놓는 일은 식사 시간, 출근 시간 등 모든 시간을 정하는 것보다 중요한 것이며 기도를 계속 유지할 수 있는 길입니다.

기도의 환경을 만들어야 합니다

새벽 아직도 밝기 전에 예수께서 일어나 나가 한적한 곳으로 가사 거기서 기도하시더니 (막 1:35).

사람은 환경의 지배를 받는 존재입니다. 크게는 빛의 지배를 받아 빛이 밝으면 행동하고 움직이는 본성이 있고 해가 져서 어두워지면 쉬고 잠자리에 듭니다. 여기에 소리, 색, 향, 온도 등 여러 가지 요인들이 우리도 모르게 작용합니다. 환경 때문에 어려움을 겪는다면 환경을 바꾸어야 합니다.

성령의 도움을 구해야 합니다

이와 같이 성령도 우리의 연약함을 도우시나니 우리는 마땅히 기도할 바를 알지 못하나 오직 성령이 말할 수 없는 탄식으로 우리를 위하여 친히 간구하시느니라 마음을 살피시는 이가 성령의 생각을 아시나니 이는 성령이 하나님의 뜻대로 성도를 위하여 간구하심이니라(롬 8:26-27).

기도 중 연약함을 겪을 때마다 도우시는 성령의 능력을 의지하십시오.

그들이 다 성령의 충만함을 받고 성령이 말하게 하심을 따라 다른 언어들로 말하기를 시작하니라(행 2:4).

초대교회 사도들이 한자리에 모여 기도할 때 성령이 임하셨고 그들은 방언으로 기도했습니다. 그들 모두 성령이 충만해서, 성령이 시키시는 대로 각각 다른 방언으로 말하기 시작하였습니다. 아무도 기대하거나 계획한 일이 아닙니다. 전적으로 성령이 역사하셔서 사람들로 하여금 기도하게 했습니다. 성령은 우리의 마음 상태에서 비롯되는 게 아니라 하늘로부터 임하는 능력입니다.

하나님과의 관계를 온전히 해야 합니다

그러나 더욱 큰 은혜를 주시나니 그러므로 일렀으되 하나님이 교만한 자를 물리치시고 겸손한 자에게 은혜를 주신다 하였느니라 그런즉 너희는 하나님께 복종할지어다 마귀를 대적하라 그리하면 너희를 피하리라 하나님을 가까이하라 그리하면 너희를 가까이하시리라 죄인들아 손을 깨끗이 하라 두 마음을 품은 자들아 마음을 성결하게 하라(약 4:6-8).

　기도는 하나님 앞으로 나가는 영적인 태도입니다. 하나님 앞에 나아가면 전인격적으로 하나님을 만납니다. 기도에 부담을 갖거나 머뭇거리는 사람들을 보면 대부분 자신의 영적인 상태에 대한 죄책감을 많이 가지고 있습니다. 모처럼 예쁜 옷이 생기면 사람들 앞에 나가고 싶은 마음이 생깁니다. 내 집에 좋은 것이 생기면 사람들을 불러서 자랑하고 싶습니다. 운동을 잘하는 사람은 운동장에 가고 싶고 수영을 잘하는 사람은 수영장에 가서 자신의 존재를 드러내고 싶어 합니다. 자신이 잘할 수 있는 일이기 때문입니다.
　하나님 앞에서 자랑하고 싶고 하나님께 말씀드리고 싶고 하나님 말씀을 더욱 많이 듣고 싶은 사람이야말로 행복한 성도입니다. 하나님과의 관계가 바르고 온전할수록 더욱 신실한 기도의 사람이 됩니다. 또한 언제나 하나님 앞에 나아가고 싶은 마음이 가득한 사람이 될 수 있습니다.

오늘의 기도
말씀하시고 응답하시고 치료하시며, 환상을 보고 꿈꾸게 하시는 주님을 찬양합니다. 주님 때문에 건널 수 없는 강을 건너게 하시고 갈 수 없는 길을 가게 하시고 믿을 수 없는 것을 믿게 하시고 사랑할 수 없는 것을 사랑하게 하소서. 기도의 더 깊은 자리, 말씀의 더 깊은 자리로 나아가길 기대합니다.

하나님의 음성을 듣는 길

삼상 3:4-11

4 여호와께서 사무엘을 부르시는지라 그가 대답하되 내가 여기 있나이다 하고

5 엘리에게로 달려가서 이르되 당신이 나를 부르셨기로 내가 여기 있나이다 하니 그가 이르되 나는 부르지 아니하였으니 다시 누우라 하는지라 그가 가서 누웠더니

6 여호와께서 다시 사무엘을 부르시는지라 사무엘이 일어나 엘리에게로 가서 이르되 당신이 나를 부르셨기로 내가 여기 있나이다 하니 그가 대답하되 내 아들아 내가 부르지 아니하였으니 다시 누우라 하니라

7 사무엘이 아직 여호와를 알지 못하고 여호와의 말씀도 아직 그에게 나타나지 아니한 때라

8 여호와께서 세 번째 사무엘을 부르시는지라 그가 일어나 엘리에게로 가서 이르되 당신이 나를 부르셨기로 내가 여기 있나이다 하니 엘리가 여호와께서 이 아이를 부르신 줄을 깨닫고

9 엘리가 사무엘에게 이르되 가서 누웠다가 그가 너를 부르시거든 네가 말하기를 여호와여 말씀하옵소서 주의 종이 듣겠나이다 하라 하니 이에 사무엘이 가서 자기 처소에 누우니라

10 여호와께서 임하여 서서 전과 같이 사무엘아 사무엘아 부르시는지라 사무엘이 이르되 말씀하옵소서 주의 종이 듣겠나이다 하니

11 여호와께서 사무엘에게 이르시되 보라 내가 이스라엘 중에 한 일을 행하리니 그것을 듣는 자마다 두 귀가 울리리라

20장 하나님의 음성을 듣는 길

::   사무엘은 어릴 때부터 주님의 성전에서 자랐습니다. 어느 날 밤에 성전에서 잠을 자는데 주님이 사무엘을 부르셨습니다. 사무엘은 자신을 부르는 소리를 듣고 엘리 제사장에게 찾아갔습니다. 이 과정이 세 번 반복되었을 때에 엘리 제사장이 비로소 하나님께서 사무엘을 부르신다는 것을 알았습니다.

엘리 제사장이 사무엘에게 한 번 더 부르는 소리를 들으면 그때는 자기를 찾지 말고 주님께 나아가라고 일러 주었습니다. 네 번째 주님께서 다시 사무엘을 부르시자 사무엘이 주님께로 나아가 주님의 말씀을 들었습니다.

그리스도인은 하나님의 인도를 받는 사람입니다. 하나님의 인도를 받으며 가는 길이 가장 복된 길입니다. 그리스도인이 하나님의 음성을 듣는 것은 복입니다. 하나님의 인도를 받기 위해서는 하나님의 음성을 들어야 합니다. 모든 그리스도인들은 이렇게 하나님의 음성을 듣고 싶어 합니다.

그러나 모든 사람들이 하나님의 음성을 듣지는 못합니다. 사무엘은 하나님의 음성을 듣기 원했습니다. 하나님께서 그를 부르셨습니다. 세 번이나 하나님의 소리를 외면했던 사무엘이 네 번째에 비로소 하나님의 음성을 들었습니다. 사무엘의 모습을 통해 하나님의 음성을 듣는 길을 발견하기 바랍니다.

하나님의 음성은 누구나 들을 수 있습니다

여호와께서 사무엘에게 이르시되 보라 내가 이스라엘 중에 한 일을 행하리니 그것을 듣는 자마다 두 귀가 울리리라(삼상 3:11).

사무엘은 어릴 때 성전에서 하나님의 음성을 들었습니다. 하나님의 음성은 누구나 들을 수 있습니다. 사람들이 하나님의 음성을 듣는 일에 소홀한 이유는 하나님의 음성은 특별한 사람만 듣는 것이라고 생각하기 때문입니다. 교회를 오래 다녔거나 특별한 사명이 있는 사람들이 들어야 하는 줄로 생각하는데 하나님의 음성은 누구나 들을 수 있습니다. 사무엘은 어린아이였지만 하나님의 음성을 들었습니다.

하나님의 음성을 듣기 위해 육적인 분량이나 영적인 능력이 있어야 하는 것이 아닙니다. 하나님의 영이 있는 사람이면 누구나 들을 수 있습니다. 예수님을 구주로 영접하는 사람은 누구나 그 안에 하나님의 영이 있습니다.

너희는 너희가 하나님의 성전인 것과 하나님의 성령이 너희 안에 계시는 것을 알지 못하느냐(고전 3:16).

하나님께서는 포기하지 않고 말씀하십니다

여호와께서 임하여 서서 전과 같이 사무엘아 사무엘아 부르시는지라

(삼상 3:10).

하나님께서 사무엘을 네 번째 불렀을 때 사무엘은 비로소 하나님의 음성을 알아들었습니다. 하나님께서는 사무엘에게 한 번, 두번, 세 번, 네 번이나 포기하지 않고 그가 알아들을 때까지 말씀하셨습니다. 하나님께서 말씀하시는 것은 사무엘이 원하는 어떤 필요 때문이 전혀 아닙니다. 하나님의 간절한 소원일 뿐입니다.

하나님께서는 사무엘뿐만 아니라 모든 그리스도인들에게 말씀하기를 원하십니다. 하나님의 음성을 듣는 것은 우리보다 하나님께서 더욱 간절히 원하시는 바입니다. 홍보란 되도록 많은 사람들에게 알리는 것이 목적인데, 하나님의 음성은 홍보가 아닙니다. 하나님의 음성은 간절한 사연이 담긴 편지입니다. 홍보 전단지는 가능한 많은 사람에게 알리는 것이지만 편지는 자신이 원하는 사람에게 전하는 것입니다.

많은 그리스도인들이 생애의 중요한 전환점에서 주님의 음성을 들었습니다. 스스로 대단한 결심을 하거나 노력한 것이 전혀 아닙니다. 베드로는 갈릴리 호숫가에서 부활하신 주님의 음성을 들었습니다. 사도 바울은 다메섹 도상에서 주님의 음성을 들었습니다. 5만 번의 기도 응답을 받은 조지 뮐러는 모든 기도에 대해 하나님 말씀을 듣는 것으로 먼저 응답받았습니다.

하나님의 음성은 영으로 들어야 합니다

엘리가 여호와께서 이 아이를 부르신 줄을 깨닫고(삼상 3:8).

사무엘은 잠을 자다가 하나님께서 부르시는 소리를 들었습니다. 그런데 엘리 제사장에게로 가서 왜 부르셨는가 하고 확인을 합니다. 어린 사무엘이 이렇게 자기를 부르는 음성을 듣고 엘리 제사장에게 가는 일이 세 번 반복됩니다. 그 후에야 엘리 제사장은 하나님께서 사무엘을 부르시는 음성임을 깨달았습니다. 여기에 하나님의 음성의 비밀이 있습니다.

하나님 음성은 귀로 듣는 소리가 아니라 영으로 깨달아야 합니다. 많은 사람들이 하나님의 음성을 듣는 일에 실패하는 이유가 여기에 있습니다. 그런데 하나님께서 세 번씩이나 불러도 사무엘이 알아듣지 못한 것은 어린 사무엘에게는 아직 그런 영적인 경험이 없었기 때문입니다. 영적인 경험이 깊은 엘리가 하나님의 음성임을 깨달은 덕분에 알게 되었습니다.

영적인 감각이 살아나야 합니다. 하나님의 음성은 귀로 듣는 것이 아니라 영으로 깨달아야 합니다. 귀로 듣는 소리는 누구나 들을 수 있습니다. 하나님의 음성은 영으로 깨달아야 합니다.

오늘의 기도
제 영혼을 복되게 하시는 하나님을 찬양합니다. 저를 주님께로 이끌어 주소서. 주의 큰 사랑만이 빈 영혼을 채울 수 있습니다. 주님의 길에서 벗어나지 않게 도우소서. 실수가 없으신 주님께서, 제 근심이 믿음으로 변화되게 하소서. 원망과 불평이 감사로 변화되게 하소서. 불안이 소망으로 변화되게 하소서.

사람의 일을 사람의 속에 있는 영 외에 누가 알리요 이와 같이 하나님의 일도 하나님의 영 외에는 아무도 알지 못하느니라(고전 2:11).

21장 문제를 해결하는 기도

마 17:14-20

14 그들이 무리에게 이르매 한 사람이 예수께 와서 꿇어 엎드려 이르되

15 주여 내 아들을 불쌍히 여기소서 그가 간질로 심히 고생하여 자주 불에도 넘어지며 물에도 넘어지는지라

16 내가 주의 제자들에게 데리고 왔으나 능히 고치지 못하더이다

17 예수께서 대답하여 이르시되 믿음이 없고 패역한 세대여 내가 얼마나 너희와 함께 있으며 얼마나 너희에게 참으리요 그를 이리로 데려오라 하시니라

18 이에 예수께서 꾸짖으시니 귀신이 나가고 아이가 그때부터 나으니라

19 이때에 제자들이 조용히 예수께 나아와 이르되 우리는 어찌하여 쫓아내지 못하였나이까

20 이르시되 너희 믿음이 작은 까닭이니라 진실로 너희에게 이르노니 만일 너희에게 믿음이 겨자씨 한 알 만큼만 있어도 이 산을 명하여 여기서 저기로 옮겨지라 하면 옮겨질 것이요 또 너희가 못할 것이 없으리라

21장 문제를 해결하는 기도

::   신앙생활에는 절대적인 힘이 존재합니다. 그런데 그것을 아느냐 모르느냐 하는 것은 미묘한 차이입니다. 사람들은 100퍼센트를 몰라서 답이 틀리는 게 아닙니다. 99퍼센트는 아는데 단 1퍼센트를 모르기 때문에 답이 틀리는 것입니다. 영적인 세계도 마찬가지입니다.

> 영접하는 자 곧 그 이름을 믿는 자들에게는 하나님의 자녀가 되는 권세를 주셨으니, 이는 혈통으로나 육정으로나 사람의 뜻으로 나지 아니하고 오직 하나님께로부터 난 자들이니라 (요 1:12-13).

그리스도인은 하나님께로부터 난 사람들로서 하나님의 자녀입니다. 그리스도인은 권세와 능력이 있는 사람입니다. 안타깝게도 많은 그리스도인들이 이 권세와 능력을 누리지 못합니다. 영광과 기쁨, 감사와 은혜를 누리지 못하고 그저 신앙생활을 힘들고 무거운 수고로 여깁니다.

마태복음 17장에는 문제를 두고 기도하는 두 유형이 등장합니다. 아들의 문제를 안고 온 한 사람이 먼저 제자들에게 기도를 부탁했습니다. 예수님께서는 베드로와 야고보와 요한을 데리고 변화산에 가셨기에 제자들과 함께 계시지 않았습니다. 이에 제자들은 열심히 기도했지만 그 아들의 병을 고치지 못했습니다. 예수님께서 산에서 내려오셨을 때 그 사람이 다시 와서 예수님께 기도를 부탁했습니다. 이번에는 병든 아이가 깨끗하게 나았습니다.

왜 제자들의 기도로는 아들이 치유되지 않았고 예수님의 기도로는 깨끗하게 치유되었습니까?

문제가 갖는 영적인 원인을 알아야 합니다

주여 내 아들을 불쌍히 여기소서 그가 간질로 심히 고생하여 자주 불에도 넘어지며 물에도 넘어지는지라(마 17:15).

부모는 그 아들의 문제가 간질이라고 말했습니다. 그러나 주님께서는 귀신을 쫓아내셨습니다.

이에 예수께서 꾸짖으시니 귀신이 나가고 아이가 그때부터 나으니라(마 17:18).

신기하게도 부모가 생각한 아들이 아픈 이유와 예수님의 처방책이 다릅니다. 모든 간질이 귀신과 관계된 것은 아니지만, 이 아들은 귀신과 관련한 것에 영적 원인이 있었습니다. 기도자는 영적인 문제를 바르게 알아야 합니다.

기도 능력은 주님에게서 나옵니다

주여 내 아들을 불쌍히 여기소서 그가 간질로 심히 고생하여 자주 불에
도 넘어지며 물에도 넘어지는지라(마 17:15).

아들의 부모는 예수님께 불쌍히 여겨 달라고 부탁했습니다. 불
쌍히 여겨 달라는 것은 사람의 상태에 근거한 말입니다. 그러나
기도의 응답은 불쌍해서 오는 것이 아니라 주님의 능력에서 나옵
니다. 주님의 능력을 믿어야 합니다. 기도하는 사람의 형편이 불
쌍해서 기도가 응답되는 것이 아니라 믿음 때문에 역사가 일어나
는 것입니다.

믿음의 능력을 사용하여야 합니다

이에 예수께서 꾸짖으시니 귀신이 나가고 아이가 그때부터 나으니라
(마 17:18).

오늘의 기도
날마다 기도의 더 깊은 자리로
인도하시고, 영적인 감각이 살
아나게 하시는 주님을 찬양합
니다. 주님을 더 많이 누리고
더 깊이 알게 하시니 감사합니
다. 진리의 빛, 소망의 빛, 말
씀의 빛으로 충만하게 하소서.
시냇가에 심긴 나무가 잎이 푸
르고 열매 맺듯이 주님 안에
있는 이들이 하나님의 영으로
충만하게 하소서.

믿음은 능력입니다. 능력을 사용해야 합니다. 주님은 담대히 귀
신을 꾸짖어 내쫓았습니다. 기도자는 기도의 능력을 믿고 행하여
야 합니다. 문제를 붙들고 부르짖어 기도하고, 사탄을 대적하고,
질병을 꾸짖어 떠나가게 해야 합니다. 기도자의 소리는 세상을 향
한 명령입니다. 기도는 하늘의 불말과 불병거를 호출하는 마패입
니다.

쉬지 말고
기도하라

살전 5:16-18

¹⁶ 항상 기뻐하라

¹⁷ 쉬지 말고 기도하라

¹⁸ 범사에 감사하라 이것이 그리스도 예수 안에서 너희를 향하신 하나

님의 뜻이니라

22장 쉬지 말고 기도하라

:: 예수님께서는 제자들에게 기도의 열정과 함께 끈질긴 간구의 필요성을 역설하셨고, 또한 끈질기게 졸라대는 사람들의 간구를 여러 번 들어주셨습니다. 주님께서 "구하라 그리하면 너희에게 주실 것이요 찾으라 그리하면 찾을 것이요 문을 두드리라 그리하면 너희에게 열릴 것이니"(마 7:7)라고 말씀하신 것은 우리에게 기도할 것을 가르치실 뿐만 아니라, 구하는 것을 얻을 때까지 끈질기게 힘쓰라는 것을 가르치고 있습니다.

우리가 기도하면서도 응답받지 못하는 가장 큰 이유 중 하나는 끈질기게 간청하지 않았기 때문입니다. 몇 번 간구하다가 응답이 없으면 이내 포기해 버립니다. 마치 간구해 온 것이 그다지 중요하지 않은 것처럼 포기해 버립니다. 영적 나태함 때문에 끈기 있게 기도하지 않으면서 하나님의 뜻을 마치 자신이 잘 아는 것처럼 말합니다.

인간이란 항상 하나님께 의존해야 하는 존재입니다. 따라서 매사에 하나님께 구하는 것은 매우 당연한 일입니다. 다만 간절함이나 끈질김이 없다는 게 문제입니다. 자신이 정말 무엇인가 원한다면 자신의 모든 힘과 능력을 기도에 다 쏟아야 하는데 많은 사람들이 그렇지 못합니다.

> 너희가 내게 부르짖으며 내게 와서 기도하면 내가 너희들의 기도를 들
> 을 것이요 너희가 온 마음으로 나를 구하면 나를 찾을 것이요 나를 만나
> 리라(렘 29:12-13).

하나님은 우리가 온 마음으로 부르짖을 때 만나 주시고 우리 기도를 들어주십니다.

기도는 영적인 호흡입니다

호흡은 말이나 생각이 아니라 실제로 숨을 쉬는 것입니다. 심호흡은 신선한 공기를 폐 깊숙이 흡입하여 폐 속에 남아 있는 나쁜 공기를 제거하여 우리 몸을 건강하게 만들어 줍니다.

기도는 영적인 호흡입니다. 심호흡과 같이 깊은 기도는 우리 영혼을 건강하게 만들어 줍니다. 고갈된 영적 에너지를 다시 채우기 위해서 신선한 공기를 호흡하듯이 기도로 호흡해야 합니다. 호흡을 통해 영이신 성령님을 깊이 들이 마셔야 합니다.

영이신 성령께서 바람같이 우리 몸속에 스며들어 우리 몸의 모든 부분에 힘을 불어넣습니다. 성령을 마심으로써 영적 힘을 얻어 우리 몸을 괴롭히는 악한 영을 이기고 영적 건강이 회복되는 것입니다. 영적으로 건강해짐으로써 우리 몸의 모든 기능이 처음 상태로 회복되고 자연히 질병이 치유되는 것입니다.

영적 에너지는 자연적으로 소모됩니다

전기는 사용하지 않아도 시간이 지나면 자연적으로 방전됩니다. 우리 영의 에너지도 마찬가지입니다. 기도를 하지 않고 그냥 지내기만 해도 점점 무기력해지고 나태해집니다. 이런 경우 서서히 소멸되기 때문에 보통은 그 증상을 느끼지 못하다가 거의 바닥날 무렵에야 무언가 잘못되었다고 느낍니다. 그러나 그 이유가 무엇인지 몰라 다시 충전하는 일을 하지 않고 결국에는 영적 탈진 상태에 빠지고 맙니다.

영적 에너지가 소멸되는 가장 큰 이유는 영적 전쟁을 치르는 과정에서 많은 양의 영적 에너지를 사용했기 때문입니다. 우리는 일상의 삶 속에서 끊임없이 영적 전쟁을 치릅니다. 이 과정에서 날마다 상당량의 영적 에너지를 사용합니다. 영적 에너지를 보충하기 위해서는 쉬지 말고 기도해야 합니다.

기도는 응답될 때까지 포기하지 않아야 합니다

기도를 쉬지 말라는 것은 포기하지 말라는 것입니다. 끈질긴 기도의 능력을 아는 사람은 결코 약해지거나 낙심하거나 지치지 않습니다. 끈기 있게 기도하는 사람은 절망을 모르는 소망과 하나님의 신실하심을 믿는 믿음을 통해 계속 힘을 얻습니다. 기도하기를 포기하겠다는 생각은 조금도 하지 않습니다. 응답이 늦어지는 것처럼 보일수록 더 끈기 있게, 더 간절하게 매달립니다. 하나님께서 선과 유익을 위해 끈질김을 요구하신다는 것을 알기 때문입니다. 간구하는 것을 받으려면 모든 것을 걸어야 합니다.

응답받기 전에는 결코 놓아주지 않았던 필사적인 야곱의 기도 (창 32장)와 땀이 땅에 떨어지는 핏방울이 되도록 간절하게 힘쓰셨던 예수님의 기도(눅 22:44)를 배워야 합니다. 야곱의 절박하고 끈질긴 기도의 성격을 나타낸 '씨름'이란 단어는 '껴안듯이 꼭 붙들고 늘어지다, 단단히 달라붙다'라는 뜻입니다. 그렇게 기도할 때 하나님은 응답하십니다.

시련 가운데에 놓일지라도 인내를 이룰 것이며, 기도에 있어서도 인내를 온전히 이루어야 합니다. 이런 인내는 온전하고 구비하여 하나님의 은혜를 받는 데 조금도 부족함이 없게 합니다(약 1:4).

오늘의 기도
어제나 오늘이나 영원토록 동일하신 주님을 찬양합니다. 기도할 때 영안을 열어 주셔서, 하늘의 비밀을 알게 하소서. 육신의 연약함으로 고통 받는 이들에게는 치료를, 경제적 어려움으로 근심하는 자들에게는 풍성한 채움이 있게 하소서. 가정을 화평케 하시고 자녀들을 축복하여 주소서. 허락하신 기업과 삶의 터전을 축복하소서.

23장 한번더 기도하라

막 8:22-26

²² 벳새다에 이르매 사람들이 맹인 한 사람을 데리고 예수께 나아와 손
대시기를 구하거늘

²³ 예수께서 맹인의 손을 붙잡으시고 마을 밖으로 데리고 나가사 눈에
침을 뱉으시며 그에게 안수하시고 무엇이 보이느냐 물으시니

²⁴ 쳐다보며 이르되 사람들이 보이나이다 나무 같은 것들이 걸어가는
것을 보나이다 하거늘

²⁵ 이에 그 눈에 다시 안수하시매 그가 주목하여 보더니 나아서 모든 것
을 밝히 보는지라

²⁶ 예수께서 그 사람을 집으로 보내시며 이르시되 마을에는 들어가지
말라 하시니라

한 번 더 기도하라

23장

::   사람들이 예수님께 눈먼 사람을 데리고 왔습니다. 예수님은 그 사람 두 눈에 침을 뱉고 안수 기도를 하신 후에, 그 사람에게 "무엇이 보이느냐"라고 물으셨습니다. 그는 "사람들이 보입니다. 나무 같은 것들이 걸어 다니는 것 같습니다"라고 대답했습니다. 보이기는 하는데 아직은 확실히 보이지 않는다는 말입니다.

예수님께서 다시 한 번 그 사람의 두 눈에 손을 얹고 기도하셨습니다. 그 사람은 집중하여 바라보더니 마침내 시력이 회복되어 모든 것을 선명하게 볼 수 있었습니다.

이 부분은 마가복음 10장에 나오는 소경 바디매오와 조금 다릅니다. 바디매오에게 예수님은 "너의 믿음이 너를 구원하였다"라고 말씀하심으로 단번에 그의 눈을 뜨게 하셨습니다.

그런데 이 맹인은 눈에 침을 뱉고 두 번이나 기도를 해서야 눈을 떴습니다. 예수님은 이 사람도 그냥 말씀으로 단번에 눈을 뜨게 하실 수 있었습니다. 그런데 왜 이 사람에게는 이런 방법을 사용했을까요? 모든 기도 응답의 주권이 오직 주님께 있다는 것을 알게 하기 위함입니다. 기도는 사람이 하지만 응답의 주권은 오직 주님께 있습니다.

기도의 응답이 지연될 때마다 한 번 더 기도하는 용기가 필요합니다. 기도는 사람이 하지만 응답은 주님께서 하십니다. 주님의 응답을 신뢰하고 한 번 더 기도합시다.

기도를 포기하고 싶을 때가 바로 응답의 문턱입니다.

기도 응답의 주권은 주님께 있습니다

이에 그 눈에 다시 안수하시매 그가 주목하여 보더니 나아서 모든 것을 밝히 보는지라(막 8:25).

맹인은 주님께서 처음 기도해 주실 때에 단번에 눈이 밝아질 것이라고 생각했습니다. 그러나 희미하게 보일 뿐이었습니다. 주님께서 한 번 더 기도하시자, 눈이 완전히 회복되었습니다. 그는 주님께서 단번에 문제를 해결하지 못하신 것을 탓하지 않고 주님께서 두 번에 걸쳐서 기도해 주실 때까지 기다리며 믿음을 포기하지 않았습니다.

사람들은 문제가 생길 때 주님께 기도합니다. 기도가 즉각적으로 응답되지 않으면 쉽게 포기합니다. 기도의 응답은 주님께서 하십니다. 주님은 반드시 성도의 기도에 응답하시는 분입니다.

바디매오는 한 번에 눈을 뜨게 되지만 벳새다의 맹인은 두 번의 기도 후에 회복되었습니다. 문제는 사람에게 있지만 문제를 해결하시는 분은 주님이십니다. 기도는 문제가 해결되기 바라는 것이 아니라 그 문제를 주님께서 해결하신다는 믿음을 가지는 것입니다. 바디매오의 맹인이나 벳새다의 맹인은 겉으로 보기에 같은 문제를 가진 것 같으나 그 영적인 내용은 오직 주님만이 아십니다.

그리스도인의 영적인 비밀은 주님만이 아십니다. 육은 육을 알고 영은 영을 압니다. 결국 믿음이 깊어진다는 것은 영의 영역에 대한 수준이 깊어지는 것입니다.

기도 응답은 자신의 부족함을 깨닫게 합니다

처다보며 이르되 사람들이 보이나이다 나무 같은 것들이 걸어 가는 것을 보나이다 하거늘(막 8:24).

주님께서 안수하시고 맹인에게 무엇이 보이느냐고 물으셨을 때, 나무 같은 것들이 걸어 다니는 것 같다고 했습니다. 이 말은 아직은 사물이 정확하게 보이지 않는다는 말입니다. 희미하게는 보이지만 정확하지는 않았습니다.

맹인은 자신의 상태에 대해 정직했습니다. 주님께서 기도하셨기 때문에 이 상태가 완전한 상태라고 생각할 수도 있습니다. 이정도로 만족할 수도 있습니다. 그러나 아직은 완전하게 보이는 것이 아니라고 말했습니다. 자신의 상태에 대해 정직했기 때문에 더완전히 회복될 수 있었습니다.

자신의 영적 상태에 대한 인식 없이는 영적인 진보를 이룰 수없습니다. 그리스도인은 육적인 눈으로 보는 것을 넘어서서 영적인 진리가 보여야 합니다. 날마다 자기 현실의 실체가 보여야 합니다.

맹인은 당장 현실이 희미하지만 주님이 완전히 눈을 뜨게 하실 줄 믿고 자신의 부족함을 고백합니다. 사람은 연약하고 불완전하지만 주님은 완전히 치유하시는 분입니다. 기도 응답은 전적인 주님의 주권에서 나옵니다.

기도 응답은 믿음으로 받습니다

이에 그 눈에 다시 안수하시매 그가 주목하여 보더니 나아서 모든 것을 밝히 보는지라(막 8:25).

주님께서 두 번째 기도하시고 맹인은 다시 사물들을 주목했습니다. 주님이 다시 기도하는 순간에 주님께서 역사하실 것을 믿었습니다. 자신의 시력이 회복되도록 주목하여 앞을 보았습니다. 뚫어지게 바라보았습니다. 맹인은 자신의 힘으로는 보는 것이 불가능했습니다. 그러나 주님께서 안수하시자 주님의 능력을 의지하여 눈을 사용했습니다. 눈을 사용하자 눈의 시력이 회복되었습니다. 믿음으로 반응할 때 응답의 기쁨을 누릴 수 있습니다.

마태복음 9장에도 맹인 두 사람이 주님 앞에 나옵니다. 그들은 "우리를 불쌍히 여기소서"라고 말합니다. 주님은 그들에게 믿음이 있는지 물으셨습니다. 그렇다고 대답하자 주님께서는 그들에게 "믿음대로 되라"고 말씀하셨습니다. 그들의 믿음이 그들의 눈을 뜨게 했습니다.

믿음은 바라는 것들의 실상(히 11:1)입니다. 현상을 보지 말고 그 너머를 믿음의 눈으로 바라보아야 합니다.

오늘의 기도

하늘 문이 열리고 응답의 문이 열리고 기적의 문이 열릴 줄 기대하며, 감사와 찬양을 드립니다. 주님 임재하심과 충만함이 제 영에 가득하기를 원합니다. 모든 생활을 주장하여 주셔서 은혜 받는 일에 집중하게 하시고 기도하는 일에 전무할 수 있게 하소서. 믿음의 발걸음을 축복하여 주소서.

24장 기도를 오래 해야 하는 이유

눅 22:39-44

³⁹ 예수께서 나가사 습관을 따라 감람산에 가시매 제자들도 따라갔더니

⁴⁰ 그곳에 이르러 그들에게 이르시되 유혹에 빠지지 않게 기도하라 하시고

⁴¹ 그들을 떠나 돌 던질 만큼 가서 무릎을 꿇고 기도하여

⁴² 이르시되 아버지여 만일 아버지의 뜻이거든 이 잔을 내게서 옮기시옵소서 그러나 내 원대로 마시옵고 아버지의 원대로 되기를 원하나이다 하시니

⁴³ 천사가 하늘로부터 예수께 나타나 힘을 더하더라

⁴⁴ 예수께서 힘쓰고 애써 더욱 간절히 기도하시니 땀이 땅에 떨어지는 핏방울 같이 되더라

24장 기도를 오래 해야 하는 이유

::   똑같이 기도하지만 능력을 경험하는 기도자는 더 많이 오래 기도한 사람입니다. 기도는 할 수 있는 대로 오래, 많이 해야 합니다. 기도의 능력은 오래 기도하는 것입니다. 기도의 시간이 늘어나는 만큼 기도의 응답이 늘어납니다. 주님도 포기하지 말고 오래 기도하라고 하셨습니다(눅 18:1). 이삭도 아들을 위해 20년 기도했습니다(창 25장). 마틴 루터, 존 웨슬리, E. M 바운즈와 같은 기도의 사람들은 모두 하루 3시간 이상 기도했습니다.

그리스도인이 기도를 오래 해야 하는 이유는 세 가지입니다.

기도는 불을 붙이는 일입니다

기도는 흔히 불에 비유합니다. 기도의 불이 임하였다고 하고 기도의 불이 붙었다고 합니다. 불의 위력이 강력한 것처럼 기도의 능력이 크다는 것에 대한 비유이기도 합니다.

불은 작은 불씨에서 시작되지만 점점 큰 불로 번집니다. 불을 피우는 데는 시간이 필요합니다. 하지만 이미 일으킨 불을 끄는 건 더 어렵습니다. 불씨가 시간을 두고 불을 일으키듯이 기도 역시 오랜 시간을 두고 간구하면 응답의 불을 받을 수 있습니다. 기도의 불이 붙으면 기도를 멈추는 게 더 어렵습니다. 기도의 시간이 늘어나면 기도의 능력이 증가합니다. 양적인 증가는 질적인 변화를 일으킵니다.

기도는 영적 전쟁입니다

기도는 영적인 놀이가 아닙니다. 하고 싶으면 하고 그만두고 싶으면 그만인 것이 아닙니다. 기도는 영적인 전쟁입니다. 주님도 늘 시험에 들지 않도록 깨어서 기도하라고 했습니다. 기도는 반드시 사탄의 시험을 이겨야 권능과 능력을 얻습니다. 여객기가 비행하는 고도와 전투기의 고도는 다릅니다. 전투기는 적군보다 더 높은 고도를 비행해야 이길 수 있습니다. 기도는 사탄을 이겨야 하늘 보좌에 올라갑니다. 기도는 사탄을 이길 만큼 오랫동안 간구해야 합니다.

기도는 저축하는 것입니다

사람들은 은행에서 돈을 인출합니다. 은행에는 돈이 많습니다. 하지만 은행의 돈을 아무나 인출하는 건 아닙니다. 누구나 은행에 가면 돈을 찾을 수 있는 게 아닙니다. 저축해 둔 돈이 있어야 인출할 수 있습니다. 기도는 저축을 하는 것입니다. 기도한 만큼 내게 필요한 때 응답의 기쁨이 찾아옵니다.

내가 천국 열쇠를 네게 주리니 네가 땅에서 무엇이든지 매면 하늘에서
도 매일 것이요 네가 땅에서 무엇이든지 풀면 하늘에서도 풀리리라 하
시고(마 16:19).

기도 응답은 땅에서 매면 하늘에서도 매이고 땅에서 풀면 하늘
에서도 풀립니다. 저축을 한 만큼 인출하듯이 기도한 만큼 응답을
받습니다. 더 많이 저축하면 더 많은 돈을 찾을 수 있습니다. 더 오
래 기도하면 더 많은 응답을 받습니다.

오늘의 기도

**50일 기도학교로 인도하신 은
혜를 찬양합니다. 기도가 축복
이요 능력이요 답입니다. 더욱
기도에 전무하기를 원합니다.
더욱 오래 기도하고 더욱 간절
히 기도하기를 원합니다. 기도
의 영적 원리를 깨닫기 원합니
다. 주님의 음성을 듣고 인도
하심을 받고 임재 안에 들어가
게 하소서.**

25장 풍부를 위한 기도

창 26:17-22

¹⁷ 이삭이 그곳을 떠나 그랄 골짜기에 장막을 치고 거기 거류하며

¹⁸ 그 아버지 아브라함 때에 팠던 우물들을 다시 팠으니 이는 아브라함 이 죽은 후에 블레셋 사람이 그 우물들을 메웠음이라 이삭이 그 우물 들의 이름을 그의 아버지가 부르던 이름으로 불렀더라

¹⁹ 이삭의 종들이 골짜기를 파서 샘 근원을 얻었더니

²⁰ 그랄 목자들이 이삭의 목자와 다투어 이르되 이 물은 우리의 것이라 하 매 이삭이 그 다툼으로 말미암아 그 우물 이름을 에섹이라 하였으며

²¹ 또 다른 우물을 팠더니 그들이 또 다투므로 그 이름을 싯나라 하였으며

²² 이삭이 거기서 옮겨 다른 우물을 팠더니 그들이 다투지 아니하였으 므로 그 이름을 르호봇이라 하여 이르되 이제는 여호와께서 우리를 위하여 넓게 하셨으니 이 땅에서 우리가 번성하리로다 하였더라

풍부를 위한 기도

::   이삭은 그랄 골짜기에 거류하면서 매우 번성하였습니다. 그래서 그곳 이름을 르호봇이라고 하였습니다. 하나님이 이삭을 번성하게 하셨습니다.

> 도둑이 오는 것은 도둑질하고 죽이고 멸망시키려는 것뿐이요 내가 온 것은 양으로 생명을 얻게 하고 더 풍성히 얻게 하려는 것이라(요 10:10).
>
> 우리 주 예수 그리스도의 은혜를 너희가 알거니와 부요하신 이로서 너희를 위하여 가난하게 되심은 그의 가난함으로 말미암아 너희를 부요하게 하려 하심이라(고후 8:9).

주님의 뜻은 자녀들이 생명을 얻고 풍성하게 사는 것입니다. 기도를 하면 주님의 뜻이 이루어집니다. 기도가 그리스도인들의 삶을 부요하고 번성하게 합니다.

이삭은 우물을 팠습니다

이삭은 우물을 파서 물을 얻었습니다. 물은 모든 생명의 근원입니다. 근원을 얻은 사람은 모든 것을 얻습니다. 신앙도 마찬가지입니다. 여러 가지 문제가 있지만 근원적인 것을 먼저 찾아야 합니다.

이삭의 종들이 골짜기를 파서 샘 근원을 얻었더니(창 26:19).

주님께서는 "내가 주는 물을 마시는 사람은 영원히 목마르지 아니하리니"(요 4:12)라고 하셨습니다. 그리스도인의 모든 문제를 해결할 수 있는 열쇠의 근원은 하나님께로 돌아가는 것입니다.

이삭은 아버지 아브라함이 팠던 우물을 다시 팠습니다

이삭은 새로운 땅을 파는 것이 아니라 아버지가 팠던 우물을 다시 팠습니다. 왜냐하면 그곳에 여전히 샘이 흐르고 있기 때문입니다. 한때 블레셋 사람들이 메워 버렸지만 그곳에 물이 흐르고 있습니다.

그 아버지 아브라함 때에 팠던 우물들을 다시 팠으니 이는 아브라함이
죽은 후에 블레셋 사람이 그 우물들을 메웠음이라 이삭이 그 우물들의
이름을 그의 아버지가 부르던 이름으로 불렀더라(창 26:18).

오늘날 교회는 기도의 샘을 다시 파야 합니다. 새로운 방법이 아니라 원래의 방법으로 돌아가야 합니다. 세상 속에서 묻히고 잊혔

던 그 근본의 샘을 찾아 다시 파야 합니다.

이삭의 종들은 샘의 근원까지 팠습니다

이삭의 종들은 물이 나올 때까지 팠습니다. 오늘날 교회와 그리스도인들은 영적인 패배주의로 가득합니다. 거기에서 벗어나기 위해서 우리는 번성했던 이삭의 종들처럼 샘 근원까지 파야 합니다.

이삭의 종들이 골짜기를 파서 샘 근원을 얻었더니(창 26:19).

더 기도에 집중하고 전념해야 합니다. 샘 근원은 세상이 줄 수 있는 그 어떤 것과도 바꿀 수 없습니다. 세상의 모든 것은 가치에 맞는 시간과 열정을 치러야 얻을 수 있습니다.

마음을 같이 하여 오로지 기도에 힘쓰더라(행 1:14).

그들이 사도의 가르침을 받아 서로 교제하고 떡을 떼며 오로지 기도하기를 힘쓰니라(행 2:42).

우리는 오로지 기도하는 일과 말씀 사역에 힘쓰리라(행 6:4).

만물의 마지막이 가까이 왔으니 그러므로 너희는 정신을 차리고 근신하여 기도하라(벧전 4:7).

오늘의 기도

우리 안에 기도의 영으로 오신 주님 찬양합니다. 육적인 구속을 벗고 영에 속하여 살기를 원합니다. 날마다 주님의 음성을 듣기를 원합니다. 주님을 더욱 많이 사랑하기를 원합니다. 오직 주님 한 분만으로 행복하기를 원합니다. 성령님과 동행하며 모든 곳에서 주님의 임재를 누리게 하소서.

26장 새벽 기도 I

시 46:5

⁵하나님이 그 성 중에 계시매 성이 흔들리지 아니할 것이라 새벽에 하
  나님이 도우시리로다

새벽 기도 I

::   새벽에 잠을 자면 꿈을 꾸지만, 새벽에 기도하면 꿈이 이루어집니다. 당신이 새벽을 소중히 여기면 새벽이 당신을 소중한 사람으로 만들어 줄 것입니다.

사람들은 누구나 아침에 일어나면 거울을 봅니다. 외출하기 전에도 거울을 봅니다. 새벽 기도는 하루를 시작하기 전 하나님 앞에 자신을 비추어 보는 영혼의 거울입니다. 외출하기 전에 하나님 앞에 자신의 영혼을 비추어 봐야 합니다. 마음과 생각을 단정히 하고 하루를 시작하는 사람은 거울 앞에서 모습을 단정히 하고 나가는 사람과 같습니다.

새벽에 일찍 하루를 시작하면 하루를 남보다 더 많이 차지할 수 있습니다. 그리스도인에게 새벽은 하나님의 복을 담는 그릇입니다. 새벽이라는 빈 그릇을 준비하는 사람들마다 그 안에 하나님의 복의 기름이 차고 넘칠 것입니다.

새벽 기도의 능력은 새벽의 사람만이 누릴 수 있는 능력입니다. 하루를 남보다 일찍 시작하는 것은 그만큼 성공에 가까이 가는 것입니다.

새벽은 영적인 시간입니다

아침과 저녁, 밤 시간대에 따라서 사람의 심신은 각기 다른 반응을 보입니다. 주로 밤늦게 깨어 있는 사람들은 상대적으로 감성적이고 비관적이며 불안한 모습을 많이 보입니다. 반면 이른 아침 시간을 많이 활용하는 사람은 이성적이고 적극적이며 안정적인 모습을 보입니다. 아침을 늦게 시작하는 사람, 불쾌한 마음과 무기력한 몸으로 아침을 시작하는 사람에게 그날 하루는 '버려진 하루'와 다를 바 없습니다.

반면 아침을 기도로 호흡하며 상쾌하게 출발하여 하루를 사는 사람은 벌써 성공을 예약한 것과 다름없습니다. 체조로 유명한 불가리아 선수들은 그들만의 특별한 훈련 방법이 있습니다. 체조 경기는 시합 당일 선수들의 정신적인 컨디션이 매우 중요한 운동입니다. 고도의 집중력이 필요합니다. 평소에 선수들의 집중력을 높이는 훈련을 많이 합니다. 그래서 불가리아 선수들은 새벽 훈련을 합니다. 사람의 자율신경은 교감신경과 부교감신경이 있는데 집중력이나 창조적인 생각 등은 교감신경이 발달해야 합니다. 사람의 뇌는 새벽에는 교감신경이 발달하고 저녁에는 부교감신경이 발달합니다.

새벽은 하루의 씨앗입니다

새벽은 하루를 위한 씨앗입니다. 새벽을 심어야 하루의 열매를 추수할 수 있습니다. 농부는 아무리 배가 고파도 종자로 쓸 씨앗은 먹지 않습니다. 종자가 없으면 파종을 할 수 없습니다. 하루를 시작하는 아침의 몸 상태는 그 하루를 사는 밑그림입니다. 하루에 대한 기대가 다르면 몸의 반응이 다릅니다. 희망과 기대를 가지고 시작하는 사람과 그냥 몸이 움직이는 대로 사는 사람은 이미 그 시작이 다릅니다. 첫 시작을 힘차게 시작하는 사람은 먼저 자신 안에서 승리하고 시작하는 사람들입니다.

사람들에게 새벽에 대한 가치는 기능적인 측면보다 의식적인 측면이 매우 중요하게 작용합니다. 남이 잠들어 있는 시간에 일어나 먼저 하루를 시작한다는 것은 그 자체가 큰 자부심이기 때문입니다.

누구에게나 새벽이 있지만 새벽을 누리는 사람은 많지 않습니다. 똑같은 시간이라도 사용하는 방법과 태도에 따라 시간의 가치는 달라집니다. 매일 맞이하는 새벽을 어떻게 살지는 자신에게 달려 있습니다.

새벽은 능력을 얻는 시간입니다

나폴레옹은 "내가 아침 5시에 일어나는 이유는 사색하기 위해서다"라고 말했습니다. 새벽은 남보다 일찍 일하는 시간이 아닙니다. 하루 동안 일할 수 있는 능력을 공급받는 시간입니다.

새벽은 이른 시간이 아니라 특별한 시간입니다. 새벽은 정신적이고 영적인 시간입니다. 대부분의 종교가 새벽을 신성하게 여기는 이유가 있습니다. 공병호 박사는 "새벽은 독서를 하기도 아까운 시간"이라고 합니다. 독서는 누군가가 기록한 글을 읽는 수동적인 행위이기 때문입니다.

새벽은 인생과 영혼의 깊이를 측량할 수 있는 지혜의 지팡이를 붙드는 시간입니다. 이 지팡이를 사용해서 우리를 휘감아 흘러가는 시간의 물살과 깊이를 파악할 수 있고, 많은 어려움과 시련의 풀숲을 지나갈 수 있습니다.

애굽으로 가는 모세의 손에 하나님의 지팡이가 들렸듯이 하루를 사는 그리스도인들에게는 새벽 기도의 지팡이를 들어야 합니다. 새벽 지팡이를 든 그리스도인은 하루를 승리할 수 있습니다.

새벽은 생존을 위해 살아가야 하는 한낮의 전략적 사고와 다른 온유하고 겸손한 묵상의 시간이며 하나님과의 깊은 영적 교제의 시간입니다. 새벽에 얻는 지혜는 하나님에게 나아갈 수 있는 방법을 알려 주며 살아갈 날들의 길을 보여 줍니다. 새벽은 하나님의 시간이고 하늘의 권능을 얻는 거룩한 시간입니다.

오늘의 기도

'아무것도 염려하지 말고 다만 모든 일에 기도와 간구로, 너희 구할 것을 감사함으로 하나님께 아뢰라 그리하면 모든 지각에 뛰어난 하나님의 평강이 그리스도 예수 안에서 너희 마음과 생각을 지키시리라'(빌 4:6-7)는 말씀을 믿습니다. 부르짖음을 들으시고 응답하시는 여호와를 찬양합니다. 호렙 산에 모세에게 임한 여호와의 영이, 갈멜 산에 엘리야에게 임한 주님의 불이, 마가의 다락방에 임한 성령의 불이 임하게 하소서.

27장 새벽 기도 Ⅱ

막 1:35

³⁵ 새벽 아직도 밝기 전에 예수께서 일어나 나가 한적한 곳으로 가사 거기서 기도하시더니

27장 새벽 기도 II

::   복음은 하나님께서 주신 계획입니다. 따라서 복음의 능력은 하나님의 방법으로 얻을 수 있습니다. 신앙생활은 사람의 의지나 능력에 근거하여 영위하는 것이 아니고 오직 하나님의 능력으로 이루어집니다. 그리스도인은 하나님의 방법을 알아야 합니다.

출애굽한 이스라엘 백성들은 왜 광야에서 40년을 보낼 수 밖에 없었을까요? 애굽에서 사는 법과 광야에서 사는 법이 다르기 때문입니다. 애굽의 삶은 종으로 사는 것입니다. 애굽에서는 그들에게 다른 희망이 없었습니다. 하루하루 배부르게 먹고 따뜻하게 잠자면 됩니다. 그러나 광야는 가나안을 향해 가는 길입니다. 가나안에서는 다른 신분으로 살아야 합니다. 따라서 광야에서는 다른 태도와 다른 기준으로 살아야 합니다.

구원받은 것도 마찬가지입니다. 세상의 기준으로 사는 것이 아닙니다. 그리스도인들은 하나님의 방법으로 사는 사람들입니다. 그러한 그리스도인들에게 새벽은 아주 중요한 의미를 지닙니다. 새벽은 하나님께서 약속하신 복된 시간이기 때문입니다.

새벽은 하나님과 깊이 만나는 시간입니다

성경에서 하나님은 대부분 새벽에 역사하셨습니다. 찰스 스펄전은 새벽 기도를 축복의 문을 여는 열쇠라고 했습니다.

새벽 기도는 간절함 때문이 아니라 하나님께서 약속하신 시간이기 때문에 소중한 것입니다. 새벽은 사람이 만든 시간이 아니라 하나님께서 구별하여 정한 시간입니다.

> 새벽에 여호와께서 불과 구름 기둥 가운데서 애굽 군대를 보시고 애굽 군대를 어지럽게 하시며(출 14:24).
>
> 아침까지 준비하고 아침에 시내 산에 올라와 산 꼭대기에서 내게 보이되(출 34:2).
>
> 일곱째 날 새벽에 그들이 일찍이 일어나서 전과 같은 방식으로 그 성을 일곱 번 도니 그 성을 일곱 번 돌기는 그날뿐이었더라(수 6:15).
>
> 새벽 아직도 밝기 전에 예수께서 일어나 나가 한적한 곳으로 가사 거기서 기도하시더니(막 1:35).

어떤 사람들은 하나님께서 새벽에만 기도를 듣는가 하는 의문을 갖습니다. 물론 하나님께서 새벽에만 기도를 들으시는 건 아닙니다. 언제나 우리 기도에 귀를 기울이십니다. 문제는 우리가 새벽이 지나면 생각만큼 기도에 집중하지 못한다는 것입니다. 새벽에 기도 시간을 정하고 기도하는 사람은 규칙적으로 기도하지 않는 사람과 완전히 다른 삶을 삽니다. 새벽 기도의 사람은 매일 정한 기도의 시간, 기도의 자리가 있는 사람입니다.

새벽은 시험에 들지 않도록 기도하는 시간입니다

주님은 제자들에게 시험에 들지 않도록 기도하라고 했습니다. 그리스도인이 새벽의 사람이어야 하는 이유는 날마다 시험에 들지 않기 위해서입니다.

유혹에 빠지지 않게 기도하라(눅 22:40).

새벽에 기도한다는 것은 이른 시간에 기도한다는 의미도 있지만 매일 쉬지 않고 기도한다는 말이기도 합니다. 그리스도인은 늘 시험 가운데 살고 있습니다. 시험을 이기기 위해서는 날마다 주님의 능력을 입어야 합니다. 그리스도인이 매일 규칙적으로 하나님 앞에 나올 수 있는 시간은 새벽입니다.

마틴 루터는 "새벽 기도를 하지 않으면 그날 하루는 마귀의 포로가 되는 날"이라고 했습니다.

새벽의 주인이 하루의 주인입니다

사람은 하나님의 피조물이므로 하나님께서 정하신 방법대로 사는 것이 가장 복된 삶입니다. 많은 사람들이 새벽 기도를 어려워하는 이유로 육체의 피곤함을 내세웁니다. 그동안 새벽을 잊고 저녁형으로 생활 습관을 잘못 들였기 때문입니다. 저녁은 감성적인 시간이고 새벽은 이성적인 시간입니다. 새벽에는 우뇌가 활발하게 움직입니다. 우뇌는 창의적이고 상상력이 풍부합니다. 새벽에 춤추거나 쾌락을 추구하지 않습니다. 새벽은 정신의 시간이고 영의 시간이고 하나님의 시간입니다.

새벽에 1시간 동안 일을 하는 것은 낮에 3시간 동안 일을 하는 것과 같습니다. 집중력과 창조성이 높습니다. 경쟁 사회에서는 누군가 먼저 시작하는 사람이 이기기 마련입니다. 아침을 늦게 시작하는 것은 심리적으로 패배 의식을 가지게 합니다. 약속 시간보다 먼저 도착하여 기다리는 사람이 대화를 주도합니다.

새벽형의 사람은 하루를 먼저 시작하는 사람입니다. 경제학에는 파레토의 법칙이 있습니다. 20퍼센트가 80퍼센트를 지배한다는 법칙입니다. 하루의 20퍼센트인 새벽 시간을 잘 사용하는 사람이 하루를 성공적으로 보낼 수 있습니다.

하루의 새벽은 하루의 미래이며, 한 달 동안의 새벽은 1년의 미래이고, 1년 동안의 새벽은 인생의 미래입니다. 그 중요한 하루의 첫 시간에 드리는 기도는 하늘의 종을 울리게 하는 밧줄입니다.

오늘의 기도

'오직 성령이 너희에게 임하시면 너희가 권능을 받고 예루살렘과 온 유대와 사마리아와 땅끝까지 이르러 내 증인이 되리라'(행 1:8)는 말씀을 믿습니다. 오늘도 주님의 약속을 믿고 기도하오니, 성령의 임재와 역사와 그 권능을 보게 하소서. 성경 속 치료와 기적의 사건이 우리의 일들이 되게 하소서. 특히 여행, 출장, 유학, 군 복무 중인 이들을 축복하소서.

³ 너는 내게 부르짖으라 내가 네게 응답하겠고 네가 알지 못하는 크고
은밀한 일을 네게 보이리라

통성 기도

::   소리를 내는 것이 힘이고 능력입니다. 통성으로 부르짖는 기도에는 능력이 있습니다. 한국 교회는 통성 기도라는 훌륭한 영적 유산을 가지고 있습니다.

김천시에 있는 용문산기도원에는 나라와 민족을 위해 365일 24시간 쉬지 않고 기도하는 구국제단이 있습니다. 1963년 4월 30일 새벽 1시부터 지금까지 기도의 불이 꺼지지 않는 곳입니다. 세상은 각자의 일로 분주하고 바쁘게 지내지만 오직 하나님 앞에 간구와 기도를 쉬지 않고 기도의 불을 밝히는 거룩한 곳입니다. 그곳에 가면 늘 기도의 소리가 온 산에 가득합니다. 기도원 정상 삼선봉에 세워진 구국제단 앞에는 기도할 사람들이 대기하는 대기실에 있습니다.

그곳에는 중보 기도자들이 지켜야 할 7가지 규칙이 적혀 있습니다. 30분 전에 미리 대기하면서 기도로 준비할 것, 기도복을 입을 것, 이름을 기록할 것, 정각에 신호봉을 울릴 것, 헌금함에 헌금을 할 것, 발성으로 나라와 민족을 위해 기도할 것, 신호봉이 울릴 때까지 기도할 것 등입니다.

여기서 주목할 것은 "반드시 발성으로 기도하라"는 규칙입니다. 발성 기도란 소리를 내어서 기도하는 것으로, 오늘날의 통성 기도를 말합니다. 기도하는 방법은 다양한데 통성으로 기도하라는 이유는 통성 기도에 능력이 있기 때문입니다. 지금은 다양한 기도의 전통들이 소개되어 기도의 방법들도 다양해졌습니다. 원래 우리나라 성도들의 전통적이고 가장 보편적인 기도는 통성 기도였습니다. 이 제단의 수칙을 만든 때가 벌써 50년 전입니다. 그때는 오늘날처럼 기도에 대한 영적인 원리를 배우고 기도한 것은 아니었습니다. 경험으로 알아서 기도하였는데 통성 기도를 권하였습니다. 발성 기도의 능력을 이미 알았기 때문입니다.

한국 교회는 어디나 통성으로 부르짖는 기도로 강력한 영적 능력이 나타났습니다. 교회들마다 부흥회를 하면 신유와 기적이 나타나고 기도원마다 사람들로 넘쳤습니다. 그런데 1990년대를 거치면서 한국 교회는 부르짖는 기도의 야성을 잃어버렸습니다. 기도를 대신하는 다양한 방법들이 소개되면서 원래 가진 소중한 영적 자산을 잃어버렸습니다. 그중에 가장 안타까운 것이 부르짖는 기도입니다. 통성 기도는 능력 있는 기도입니다.

통성 기도는 영을 깨우는 기도입니다

한나가 마음이 괴로워서 여호와께 기도하고 통곡하며 서원하여 이르되 만군의 여호와여 만일 주의 여종의 고통을 돌보시고 나를 기억하사 주의 여종을 잊지 아니하시고 주의 여종에게 아들을 주시면 내가 그의 평생에 그를 여호와께 드리고 삭도를 그의 머리에 대지 아니하겠나이다 (삼상 1:10-11).

소리를 내는 것은 영혼의 운동입니다. 소리로 기도하면 영이 깨어납니다. 기도하는 사람이 가장 힘든 것이 잡념과 망상입니다. 기도하며 주님의 음성을 들어야 하는데 온갖 잡념들로 시달립니다. 소리 내어 기도하면 영적인 집중력이 생기고 영적인 감각들이 살아나서 하늘의 능력이 임하는 것을 경험합니다.

부르짖는 기도는 영감의 시작이며 능력의 시작입니다. 부르짖어 기도하는 것은 하늘의 능력을 받는 가장 기본적인 방법입니다. 사람들은 문제가 있어서 기도하면 상황이 좋아져야 한다고 생각합니다. 그러나 먼저 묶인 영이 풀어지면 상황은 저절로 풀리고 좋아집니다. 한나는 아이를 갖지 못해 수심이 가득했지만 부르짖어 기도하자 하나님께 응답을 받고 근심 빛이 사라졌습니다.

통성 기도는 사물을 움직이는 힘이 있습니다

이스라엘 자손들로 말미암아 여리고는 굳게 닫혔고 출입하는 자가 없더라 여호와께서 여호수아에게 이르시되 보라 내가 여리고와 그 왕과 용사들을 네 손에 넘겨주었으니 너희 모든 군사는 그 성을 둘러 성 주위를 매일 한 번씩 돌되 엿새 동안을 그리하라 제사장 일곱은 일곱 양각 나팔을 잡고 언약궤 앞에서 나아갈 것이요 일곱째 날에는 그 성을 일곱 번 돌며 그 제사장들은 나팔을 불 것이며 제사장들이 양각 나팔을 길게 불어 그 나팔 소리가 너희에게 들릴 때에는 백성은 다 큰 소리로 외쳐 부를 것이라 그리하면 그 성벽이 무너져 내리리니 백성은 각기 앞으로 올라갈 지니라 하시매(수 6:1-5).

여리고 성은 이스라엘 백성들이 큰 소리를 치고 나팔 불 때 무너졌습니다.

> 백성은 다 큰 소리로 외쳐 부를 것이라 그리하면 그 성벽이 무너져 내리
> 리니(수 6:5).

소리를 사용하는 것은 서류에 도장을 찍는 것입니다. 소리는 영
적인 것이 물질계에서 실제가 되는 과정입니다. 소리가 있기 전에
어떤 단어는 하나의 개념에 지나지 않습니다. 그러나 그 단어의 소
리가 나면 그것은 다릅니다. 이제 실제로 태어난 것입니다. 그 단
어에 생명이 입혀집니다. 영계에서 물질계로 내려오는 것입니다.

소리는 에너지입니다. 사람의 생각을 통해서는 마음이 움직입
니다. 몸은 소리를 듣고 움직입니다. 기도 소리는 몸과 사물을 움
직입니다. 주님은 바다의 바람을 명령하여 잠잠하게 했습니다. 죽
은 나사로에게 일어나라고 말씀하시어 살리셨습니다. 베드로와
요한이 걷지 못하는 사람에게 일어나 걸으라고 명령하자 일어났
습니다.

소리는 확정하는 힘이 있습니다. 모호했던 것이, 개념적인 것이
소리를 내면 곧바로 확정이 됩니다. 재판정에서 판사가 판결문을
읽고 선고하는 것과 같습니다. 그 판결문이 낭독되기 전에는 미확
정이었던 사실들이 소리를 내어 선고하는 순간, 곧바로 사실로 확
정되고 집행됩니다.

통성 기도는 모든 문제를 해결하고 확정하는 기도입니다.

통성 기도는 악한 영을 물리칩니다

예수께서 대답하여 이르시되 믿음이 없고 패역한 세대여 내가 얼마나
너희와 함께 있으며 너희에게 참으리요 네 아들을 이리로 데리고 오라
하시니 올 때에 귀신이 그를 거꾸러뜨리고 심한 경련을 일으키게 하는
지라 예수께서 더러운 귀신을 꾸짖으시고 아이를 낫게 하사 그 아버지
에게 도로 주시니(눅 9:41-42).

모든 종교는 소리가 발달되어 있습니다. 영은 소리를 통해 역사
합니다. 악한 영들은 소리를 두려워합니다. 거라사 지방의 군대
귀신 들린 사람들이 조용한 무덤가에서 지냈던 것은 우연이 아닙
니다. 여리고 성을 소리로 정복한 것과 기드온이 미디안 군대를
나팔과 빈 항아리 소리로 물리친 사건에는 매우 영적인 교훈이 담
겨 있습니다. 바울과 실라가 빌립보 감옥에 갇혔을 때에 찬양과
기도로 감옥이 무너졌습니다.

주님의 이름으로 소리 내어 기도할 때 악한 세력들이 물러갑
니다.

통성 기도는 기도의 골방입니다

너는 기도할 때에 네 골방에 들어가 문을 닫고 은밀한 중에 계신 네 아버
지께 기도하라 은밀한 중에 보시는 네 아버지께서 갚으시리라(마 6:6).

평양을 동방의 예루살렘이라 불리게 했던 '1907년 평양 대부
흥' 때, 맥퀸 선교사는 선교 보고서에 한국의 통성 기도를 이렇게
기록했습니다.

"예배당 안은 '기도합시다!'라는 말이 떨어지기가 무섭게 하나님께 기도하는 소리들로 가득 찼다. 예배당 안에 있는 성도들은 거의 모두가 큰 소리로 기도를 드리고 있었다. 놀라운 광경이었다. 어떤 이는 울며 기도했고, 어떤 이는 하나님께 자신의 죄목을 나열해 가며 용서를 빌었다. 모두가 성령 충만을 간구하고 있었다. 많은 소리가 있었는데도 전혀 혼란스럽지 않았다. 모두가 일사불란했고 완전한 조화를 이루었다."

선교사들의 다른 보고서에는 이렇게 기록되어 있습니다. "오백명, 혹은 천 명에 이르는 군중이 모두 하나님을 향해 얼굴을 들고 하나님께 한목소리로 소리를 내서 기도하는 장면은 말로 표현할 수 없는 전율을 느끼게 한다. 이렇게 한국 교회는 기도의 능력을 체험하였고 하나님의 자녀가 누리는 말로 할 수 없는 은총의 능력을 알게 되었다."

소리 내어 부르짖을 때에 영적으로 더 깊은 기도의 골방으로 들어갑니다. 기도가 집중되고 몰입됩니다. 잊혀졌던 통성 기도의 힘을 다시 한 번 우리 삶으로 가져와야 할 때입니다.

오늘의 기도

오늘도 진리로 저를 자유하게 하소서. 제 기도가 땅에서 누리는 하늘의 능력이 되게 하소서. 오늘도 주님의 사람으로 살기를, 하나님의 뜻대로 사용되는 백성이 되기를 원합니다. 하나님께 드려질 때 제 안에 하나님이 이루시지 못할 일이 없습니다. 이 시간 육에 대해 죽게 하시고 성령 안에 살게 하소서.

29장 방언 기도 Ⅰ

고전 14:14-15

¹⁴ 내가 만일 방언으로 기도하면 나의 영이 기도하거니와 나의 마음은
열매를 맺지 못하리라
¹⁵ 그러면 어떻게 할까 내가 영으로 기도하고 또 마음으로 기도하며 내
가 영으로 찬송하고 또 마음으로 찬송하리라

방언 기도 I

:: 영이 기도하는 것과 마음이 느끼는 것은
다른 세계입니다. 방언으로 기도하면 영은 기쁨과 은혜로 충만하
지만 마음과 지식으로 알게 되는 것은 없습니다. 사람들이 방언
기도에 대해 잘 모르는 것은 방언의 영적 가치를 지식으로 알려
하기 때문입니다. 음악에 무지한 사람들이 훌륭한 연주자의 가치
를 알 수 없는 것과 같습니다. 마음이 발전하는 것과 영의 감각이
발전하는 것은 다릅니다. 마음의 지성과 감성을 풍성히 하는 것과
영의 기능을 풍성히 하고 새롭게 하는 것은 다른 것입니다. 방언
으로 기도할수록 내적인 감각이 새롭게 살아나고 느껴집니다.

내면에서 일어나는 영의 소리, 영의 감동은 겉사람의 마음에 속
한 것과 다릅니다. 이는 인격의 차이가 아니라 거룩함의 차이입니
다. 내면과 영은 방언 기도를 할수록 더욱 풍성해지고 충만해집니
다. 이성이 깨닫지 못하는 것들을 지적해 주고 새로운 영감을 불
러일으킵니다. 방언 기도를 하면 영의 영역, 내면의 감각이 살아
나 그 세계를 경험할 수 있습니다.

무엇이든 꼭 그곳에 가 봐야만 볼 수 있는 것이 있고 그곳에서만

느낄 수 있는 것이 있습니다. 여행지를 사진으로 볼 때의 감동과 그곳에 가서 누리는 감동이 다른 것과 같이 영적인 세계도 마찬가지입니다. 지식으로 아는 것과 그 경지에 가서 보고 누리는 것은 다릅니다.

개인적으로도, 방언 기도는 내 기도 생활의 지평을 넓혀 주었습니다. 방언 기도의 세계는 새로운 영적 지경이었습니다. 지속적인 방언 기도를 통해 주님 안에서 놀라운 은총을 경험했습니다. 방언 기도를 통해 이루 말할 수 없이 많은 능력이 나타났습니다.

더욱 하나님의 임재를 누리게 됩니다

방언 기도를 하면서 가장 분명하게 느낀 것은 바로 하나님의 임재입니다. 그전에도 여러 가지 방법으로 기도했습니다. 금식으로 기도하고 철야하면서도 기도했습니다. 그때도 하나님의 많은 은혜를 누렸습니다. 음성을 듣고 능력을 경험했습니다.

지속적인 방언 기도를 통해서는 그전에 느끼지 못했던 내적인 감각이 살아나는 것을 경험했습니다. 주님을 늘 사모했지만 그 임재의 경험이 이렇게 강력하지는 않았습니다. 이제는 기도의 자리가 행복하고 더 오래 머물고 싶은 자리가 되었습니다. 주님에 관해서 중얼거리는 기도가 아니라 주님을 만나 주님을 더욱 알고 경험하고 누리는 기도 시간이 되었습니다.

방언 기도는 하나님께서 주시는 응답을 받는 것이 아니라 하나님과 친밀함을 누리고 하나님을 경험하는 능력입니다. 방언 기도는 우리 안의 영을 살리는데 영이 살면 그만큼 더 많은 하나님의 임재를 경험합니다.

방언 기도는 모든 곳에서 언제나 완전하게 하나님의 임재를 누리게 합니다.

말씀에 대한 통찰력이 깊어집니다

방언 기도를 지속적으로 하면 말씀에 대한 통찰력이 깊어집니다. 평소에는 몰랐던 말씀 속에 감추어진 영의 흐름을 느끼고 새로운 깨달음을 얻습니다. 말씀의 지식이 쌓이는 게 아니라 예수 그리스도를 인격적으로 만나 주님을 알아 갑니다. 말씀과 함께 풍성한 교제를 누리게 됩니다.

그동안 설교자로서 성경 말씀을 늘 설교의 소재로 연구할 때가 많았습니다. 그러나 이제는 말씀을 나 자신을 위한 주님의 소리로 듣는 은총을 누립니다. 방언 기도 이후 설교가 사역의 큰 기쁨이 되었습니다. 이러한 변화는 결코 내 속에서 올 수 없는 것입니다. 사람으로부터 얻을 수 있는 변화도 아닙니다. 말씀과 방언 기도를 통해 통찰력과 감각과 깨달음을 얻으면서 모든 영적 가치관이 변화된 것입니다.

하나님의 인도하심에 대한 감각이 생깁니다

이전에는 하나님께서 우리 삶을 주장하시고 인도하신다는 것을 생각으로는 알고 있었지만 실제 삶에서는 막연하게 느꼈습니다. 그런데 방언 기도를 통해 내적 감각이 살아났고 덕분에 생활 중에 하나님의 인도하심을 더 많이 느끼고 깨닫고 있습니다.

전에는 무엇을 기도해도 하나님께서 무엇을 원하시는지, 나의 행동이 지금 하나님 앞에서 옳은 것인지에 대한 확신이 부족했습니다. 그러나 이제는 방언으로 기도할 때마다 어떤 내적인 감각을 통해 마음의 확신이나 생각들이 내 안에 들어오는 것을 경험합니다.

매주 집회를 인도하기 위해 다른 교회를 방문합니다. 대부분 처음 방문하는 교회들이기 때문에 담임 목사님의 목회 방향이나 교회의 영적 상태를 모릅니다. 그래서 더욱 내가 인도하는 집회가 그 교회를 세우는 데 도움이 되도록 기도합니다. 그때마다 하나님께서 아주 분명하게 그 교회에 대해 말씀하시고 인도하시는 것을 경험합니다. 아픈 사람들을 위해 기도할 때도 마찬가지입니다. 하나님께서 치료하실 병들을 미리 알게 하시기도 합니다.

풍성한 영적 은사를 누리게 됩니다

방언 기도는 내면의 영적 감각을 살아나게 해서 더 많은 영적 은사들을 누리게 합니다. 그중 하나가 곁에 있는 사람의 마음과 내적인 상태를 느끼게 되는 것입니다. 옆에 있는 사람이 마음에 두려움이나 분노를 가지고 있으면 속에서 비슷한 마음을 느낍니다. 마음이 많이 상한 사람 옆에 있으면 그 사람이 말하지 않아도 가슴이 아픕니다. 그 사람의 불안감과 외로움을 같이 느낍니다. 이런 영적인 인식을 통해 가까이 있는 지체들을 위로하고 격려하며 세워 줄 수 있습니다. 이는 인간의 말을 통해서 아는 것이 아니라 영으로 아는 것이기 때문에 상대방이 미처 스스로 알지 못하고 있는 것들까지 도와줄 수도 있습니다.

이렇게 지속적인 방언 기도는 많은 은사들을 일깨워서 개인과 공동체의 영적인 삶을 더 풍성하고 유익하게 만들어 줍니다.

방언 기도 II

막 16:17-18

17 믿는 자들에게는 이런 표적이 따르리니 곧 그들이 내 이름으로 귀신

을 쫓아내며 새 방언을 말하며

18 뱀을 집어올리며 무슨 독한 것을 마시질라도 해를 받지 아니하며 병

든 사람에게 손을 얹은즉 나으리라 하시더라

30장 방언 기도 II

::   방언은 매우 소중한 기도의 방법입니다. 그러나 방언 기도에 대해 오해가 많습니다. 방언 기도야말로 진정한 가치가 회복되어야 합니다. 그동안 기도 사역을 하면서 만난 많은 그리스도인들이 방언 기도의 어려움을 토로했습니다. 그런데 그들과 대화를 하면서 방언 기도를 못하는 문제보다 방언에 대해 잘 모르는 것이 더 큰 문제임을 알았습니다. 방언에 대해 어려워하던 많은 이들이 방언 기도에 대해 바르게 배우고 이해하면서 방언으로 기도할 수 있었습니다. 대부분 방언 기도가 무엇인지 모르기 때문에 어떻게 하는 것인지도 몰랐던 것입니다.

어떤 사람들은 방언 기도를 하게 해 달라고 기도하면서도, 정작 방언 기도를 하게 되었을 때 정말 방언 기도가 맞는지조차 정확히 모릅니다. 또 어떤 사람들은 방언 기도를 위해 노력하는 것 자체를 인위적이라고 생각해서 전혀 방언 기도를 위해 노력하지 않습니다.

방언으로 기도하는 것보다 먼저 방언 기도가 무엇인지 바르게 아는 것이 매우 중요합니다.

영의 충만함을 위한 기도입니다

많은 그리스도인들이 방언 기도를 하면 좋겠다고 생각하지만 반드시 방언 기도를 해야겠다는 목적의식은 없습니다. 방언 기도를 새로운 경험에 대한 동경이나 영적 호기심으로 접근합니다. 이는 방언 기도의 진정한 가치를 모르기 때문입니다. 방언 기도는 반드시 필요한 기도입니다. 방언 기도는 영을 위한 기도이기 때문입니다. 방언 기도가 영으로 하는 기도라는 사실은 많이 알고 있지만 방언 기도가 영을 위한 기도인 것은 잘 모릅니다.

방언 기도는 일반적인 언어로 하는 기도와 분명 다른 점이 있습니다. 일반 기도는 보통 육적 필요를 구합니다. 치유와 재정, 기타 문제 해결 등등 대부분 생활에 필요한 육적인 내용입니다. 그러나 방언 기도는 영을 위한 기도입니다. 우리 영을 풍성하고 능력 있게 하는 기도입니다. 영을 위로하고 영을 성장시키는 기도입니다.

내 마음이 원하는 것과 내 영이 원하는 것은 다릅니다. 사울은 주님을 믿는 사람들을 핍박하기 위해 다메섹 도상을 지나다가 주님을 만나 회심합니다. 그리스도인들을 핍박하려는 생각과 마음이 사울 안에 있는 영과 달랐기 때문입니다. 사울의 영은 주님을 간절히 사모하고 있지만 그의 생각은 율법에 갇혀서 그리스도인들을 박해했습니다.

어린 자녀들이 교회를 놀이터처럼 찾아오는 것 같지만 그들 속의 영은 주님을 사모하고 소원하는 믿음을 가지고 있습니다. 성도들이 예배 시간에 눈물을 흘리거나 집회 시간에 통곡을 하면서 울음을 터트리는 것은 그들 안의 영이 반응하기 때문입니다.

성령을 의지하면 누구나 할 수 있습니다

성령이 임하거나 방언을 하면 사람의 의지가 완전히 성령에 사로잡히고 무력화되어 스스로 통제를 할 수 없는 상태가 된다고 보통 생각합니다. 물론 성령께서 사람을 사로잡으실 수 있지만 그렇다고 사람이 이성을 잃거나 통제력을 잃는 것은 아닙니다. 성령이 강권적으로 역사하시는 것은 맞지만 자신의 의지와 상관없이 이루어지는 것은 아닙니다.

성령은 사람이 동의하고 그분에게 의지를 맡길 때에 역사하십니다. 성령은 일방적이지 않고, 우리 의지를 무시한 채로 역사하시지 않습니다. 그분은 우리의 인격을 존중하십니다.

방언 기도를 위한 의지를 주님께 드리십시오. 방언을 사모하는 사람이 방언 기도를 누립니다. 성령은 우리가 방언으로 기도할 수 있도록 역사하시는 분입니다. 그렇다고 방언 기도를 못한다고 성령이 역사하시지 않는 것은 아니며 다만 사람들이 성령의 역사를 느끼지 못할 뿐입니다.

받아야 하는 것이 아니라 사용해야 하는 것입니다

방언 기도는 받아야 하는 것이 아닙니다. 이미 우리 안에 있는 방언 기도의 능력을 사용하면 됩니다.

누구든지 그리스도의 영이 없으면 그리스도의 사람이 아니라(롬 8:9).
성령으로 아니하고는 누구든지 예수를 주시라 할 수 없느니라(고전 12:3).

구원받은 성도는 누구나 그 안에 주님의 영이 계시고 방언 기도는 내 속의 영이 기도하는 것입니다. 지금 방언으로 기도하면 됩니다. 방언 기도를 어떻게 해야 하는가의 문제가 아니라 어떻게 내 속의 영을 제한하지 않는가의 문제입니다. 성령의 역사를 제한하지 말고 성령께서 충만하게 역사하게 하십시오.

지금 성령을 의지하여 방언으로 기도하십시오.

오늘의 기도

오늘도 주님을 소망하고 기다립니다. 영의 문을 열어 주시고, 말씀의 문을 열어 주소서. 기도의 문을 열어 주시고, 하늘 문을 열어 주소서. 임재의 문을 열어 주시고, 축복의 문을 열어 주소서. 치유의 문을 열어 주소서. 환상을 보고 계시의 말씀을 듣게 하시고 이적과 표적이 나타나게 하소서.

31장 중보 기도

출 17:8-13

8 그때에 아말렉이 와서 이스라엘과 르비딤에서 싸우니라

9 모세가 여호수아에게 이르되 우리를 위하여 사람들을 택하여 나가서 아말렉과 싸우라 내일 내가 하나님의 지팡이를 손에 잡고 산꼭대기에 서리라

10 여호수아가 모세의 말대로 행하여 아말렉과 싸우고 모세와 아론과 훌은 산꼭대기에 올라가서

11 모세가 손을 들면 이스라엘이 이기고 손을 내리면 아말렉이 이기더니

12 모세의 팔이 피곤하매 그들이 돌을 가져다가 모세의 아래에 놓아 그가 그 위에 앉게 하고 아론과 훌이 한 사람은 이쪽에서, 한 사람은 저쪽에서 모세의 손을 붙들어 올렸더니 그 손이 해가 지도록 내려오지 아니한지라

13 여호수아가 칼날로 아말렉과 그 백성을 쳐서 무찌르니라

중보 기도

::   모세가 이스라엘을 위해 손을 들고 기도
하면 하나님께서 전쟁을 이기게 하십니다. 손을 내리면 아말렉이
이깁니다. 전쟁은 여호수아가 하지만 능력은 모세의 기도에서 나
옵니다. 중보 기도가 능력입니다.

기도는 자신을 위한 간구에 머물지 않고 남을 위해 기도하는 중
보 기도로 나아가야 합니다. 기도의 무게중심을 자신에게서 남으
로 옮기는 것은 커다란 영적 패러다임의 전환입니다. 중보 기도는
일반적으로 다른 사람을 위해 드리는 기도를 말합니다. 하나님과
다른 사람 사이에서 중보자가 되어 기도하는 것입니다.

중보 기도는 반드시 응답되는 기도입니다

성경에 기록된 대로 기도가 응답되지 않는 이유는 단 한 가지뿐
입니다.

구하여도 받지 못함은 정욕으로 쓰려고 잘못 구하기 때문이라(약 4:3).

중보 기도는 다른 사람을 위한 기도입니다. 자신의 욕심을 이기는 기도입니다. 중보 기도는 완전히 이타적인 기도입니다. 그러므로 중보 기도는 반드시 응답됩니다.

중보 기도는 축복의 통로입니다

중보 기도를 통해 우리는 다른 사람의 영혼이 구원받기를, 그 사람에게 하늘의 복이 내리기를, 그리고 하나님의 능력과 도우심이 그에게 임하기를 기도합니다.

하나님은 기도라는 통로를 통해 복을 주십니다. 기도 중에 비는 모든 축복은 하나님께 바쳐지는 축복 선언이며 하나님의 은혜가 내리는 축복의 통로입니다.

중보 기도는 기도를 받는 사람의 상태에 달린 것이 아니라 중보 기도하는 사람에게 달려 있습니다.

중보 기도는 영적 전투입니다

죄를 짓는 자는 마귀에게 속하나니 마귀는 처음부터 범죄함이라 하나님

의 아들이 나타나신 것은 마귀의 일을 멸하려 하심이라(요일 3:8).

죄 아래 있는 어떤 사람을 위해 기도한다면 먼저 그 사람이 마귀에 속하였다는 영적인 사실을 알아야 합니다. 중보 기도자는 마귀에 속한 영혼을 지키고 구하는 영적인 군사입니다.

중보 기도는 영적 전투입니다. 기도를 통해 악한 영을 결박하고 영적 승리의 교두보를 구축한 후 사역하는 것은 복음 사역에서 승

패를 좌우하는 일입니다. 보이는 사역 이면에 보이지 않는 영적 전투가 있습니다. 이를 지원하는 지속적이고 체계적인 기도 사역 없이는 복음 사역의 승리를 기대할 수 없습니다. 개인적인 차원에서나 교회적인 차원에서 중보 기도의 지원은 가장 중요한 영적 동력입니다.

19세기 미국 대부흥을 가져온 찰스 피니에게는 든든한 기도의 동역자가 있었습니다. 뉴욕 부근의 목회자였던 다니엘 내쉬입니다. 그는 마흔여덟 살에 찰스 피니의 집회를 위한 중보 기도자로 자신을 드리기로 했습니다. 그는 피니가 도착하기 3, 4주 전에 미리 집회가 진행될 도시에 가서 방을 빌려 몇몇 중보 기도자들과 함께 기도했습니다. 어느 도시에서는 어둡고 눅눅한 지하실을 구할 수밖에 없었지만 그곳이 어디든 중보 기도의 중심이 되었습니다.

어려움이 있을 때마다 피니는 내쉬에게 기도를 부탁했고, 내쉬는 더욱 기도에 몰입했습니다. 미국의 2차 대부흥 운동을 일으킨 찰스 피니의 사역은 다니엘 내쉬의 중보 기도를 통해 이루어졌습니다. 중보 기도는 소리 없이 지옥의 문을 부수고 세상을 움직이는 하나님의 든든한 통로입니다.

오늘의 기도

우리 필요를 아시고 기도를 들으시며 응답하시는 주님을 찬양합니다. 기도하는 것이 가장 큰 일을 하는 것이요 모든 일을 하는 것임을 고백합니다. 하나님 앞에 머무는 것이 가장 중요한 일임을 고백합니다. 오늘도 하늘에서 이루시는 일들을 기대하고 사모합니다. 예수님을 소망하고 기다립니다. 예수님의 마음과 뜻과 통치를 얻게 하소서.

¹³ 모르드개가 그를 시켜 에스더에게 회답하되 너는 왕궁에 있으니 모든 유다인 중에 홀로 목숨을 건지리라 생각하지 말라

¹⁴ 이때에 네가 만일 잠잠하여 말이 없으면 유다인은 다른 데로 말미암아 놓임과 구원을 얻으려니와 너와 네 아버지 집은 멸망하리라 네가 왕후의 자리를 얻은 것이 이때를 위함이 아닌지 누가 알겠느냐 하니

¹⁵ 에스더가 모르드개에게 회답하여 이르되

¹⁶ 당신은 가서 수산에 있는 유다인을 다 모으고 나를 위하여 금식하되 밤낮 삼 일을 먹지도 말고 마시지도 마소서 나도 나의 시녀와 더불어 이렇게 금식한 후에 규례를 어기고 왕에게 나아가리니 죽으면 죽으리이다 하니라

금식 기도

::   바벨론에서 포로의 삶을 살았던 유대인 에스더는 부모님을 일찍 여의고 삼촌 모르드개의 집에서 자랐습니다. 모르드개는 아하수에로 왕의 궁전에서 문지기로 일했습니다. 에스더는 성장하여 아하수에로 왕의 새로운 왕후가 되었습니다.

바벨론 사람 중에 하만이라는 사람이 왕의 총애를 받고 높은 벼슬에 올랐습니다. 그는 성을 드나들 때마다 모든 사람들로 하여금 자신에게 절을 하라고 명령했습니다. 그러나 모르드개는 절을 하지 않았습니다. 하만은 이 일을 괘씸하게 여겨 이스라엘 사람들을 모두 죽일 음모를 꾸몄습니다. 민족의 위험을 알아차린 모르드개가 에스더 왕후에게 도움을 청했습니다. 에스더는 오직 하나님의 도움을 구하기로 했습니다. 에스더는 유대 민족과 함께 3일 동안 금식하면서 기도했습니다. 하만은 왕의 권력을 등에 업은 인물입니다. 그러나 에스더와 온 민족이 금식으로 기도하자 하나님께서 역사하여 하만이 처벌을 받게 됩니다.

금식 기도는 놀라운 능력을 발휘합니다. 하만은 바벨론 사람이고 권력을 가지고 있었습니다. 반면에 에스더는 이스라엘 사람으로 정치적인 힘이 없었습니다. 에스더는 다만 유대 민족과 함께 3일을 금식하며 기도했을 뿐입니다. 그런데 에스더의 기도는 응답되었고 유대 민족을 괴롭히고자 했던 하만은 망하고 말았습니다. 에스더와 온 민족의 금식 기도는 하늘의 권능을 입었습니다. 금식으로 기도하면 능력이 나타납니다.

금식으로 기도하면 사람의 마음이 움직입니다

제 삼일에 에스더가 왕후의 예복을 입고 왕궁 안 뜰 곧 어전 맞은편에 서니 왕이 어전에서 전 문을 대하여 왕좌에 앉았다가 왕후 에스더가 뜰에 선 것을 본즉 매우 사랑스러우므로 손에 잡았던 금 규를 그에게 내미니 에스더가 가까이 가서 금 규 끝을 만진지라 왕이 이르되 왕후 에스더여 그대의 소원이 무엇이며 요구가 무엇이냐 나라의 절반이라도 그대에게 주겠노라 하니(에 5:1-3).

에스더는 하만의 음모를 왕에게 알려야만 했습니다. 그런데 왕이 부르지 않으면 왕후가 먼저 왕 앞에 나갈 수가 없습니다. 당시에는 왕이 먼저 부르지 않는데 먼저 나아가면 남녀를 불문하고 모두 사형으로 다스렸습니다(에 4:11). 에스더는 3일을 금식한 후에 죽음을 각오하고 하만의 음모를 알리기 위해 왕 앞에 나아갑니다. 왕이 에스더를 한 달 동안 부르지 않았을 때입니다. 왕후 에스더는 예고 없이 왕 앞에 나아갔습니다.

왕은 왕후 에스더를 사랑스러운 마음으로 바라보았습니다(에 5:2). 하나님께서 왕의 마음을 움직였습니다. 왕은 너무 반갑고 기뻐서 에스더에게 나라의 절반이라도 주겠다고 말할 정도였습니다. 결국 에스더는 계획대로 왕을 잔치에 초대할 수 있었습니다.

> 내가 이 말을 듣고 앉아서 울고 수일 동안 슬퍼하며 하늘의 하나님 앞에
> 금식하며 기도하여 이르되 하늘의 하나님 여호와 크고 두려우신 하나님
> 이여 주를 사랑하고 주의 계명을 지키는 자에게 언약을 지키시며 긍휼
> 을 베푸시는 주여 간구하나이다(느 1:4-5).

느헤미야서에서도 금식 기도의 위력이 나옵니다. 느헤미야가 예루살렘 성이 무너졌다는 말을 듣고 하나님 앞에 금식하며 기도하고 왕에게 나아가자 왕이 느헤미야에게 자비를 베풀었습니다. 우리가 금식으로 기도하면 하나님께서 이와 같이 사람의 마음을 움직이십니다.

금식으로 기도하면 사람의 생각이 움직입니다

> 그날 밤에 왕이 잠이 오지 아니하므로 명령하여 역대 일기를 가져다가
> 자기 앞에서 읽히더니 그 속에 기록하기를 문을 지키던 왕의 두 내시 빅
> 다나와 데레스가 아하수에로 왕을 암살하려는 음모를 모르드개가 고발
> 하였다 하였는지라 왕이 이르되 이 일에 대하여 무슨 존귀와 관작을 모
> 르드개에게 베풀었느냐 하니 측근 신하들이 대답하되 아무것도 베풀지
> 아니하였나이다 하니라(에 6:1-3).

에스더의 초대를 받아 잔치를 마치고 돌아온 왕은 잠이 오지 않았습니다. 신하를 불러 궁중실록을 읽게 하였습니다. 마침 왕의

내시였던 빅다나와 데레스가 아하수에로 왕을 대적하기 위해 음모를 꾸미다가 모르드개의 고발로 실패한 사건과 모르드개에게 아무런 상도 내리지 못한 것을 알게 되었습니다.

아하수에로 왕은 궁전에 있던 하만을 불러서 상을 주고 싶은 사람에게 어떤 상을 주면 좋겠느냐고 물었습니다. 그러자 하만은 자신을 위한 것인 줄로 알고 왕의 옷을 입히고 왕이 타는 말을 태워서 성 안을 거닐게 하면 좋겠다고 했습니다. 결국 하만은 모르드개를 말에 태우고 성안을 거닐게 되었습니다. 하만은 모르드개를 죽이려고 했는데 오히려 모르드개를 섬기게 되었습니다.

왕이 잠이 오지 않은 것도, 궁중실록에서 모르드개의 일을 읽게 된 것도 하나님께서 왕의 생각을 움직였기 때문입니다. 금식으로 기도하면 하나님께서 사람의 생각을 움직이십니다.

금식으로 기도하면 사람의 의지가 움직입니다

아하수에로 왕이 왕후 에스더에게 말하여 이르되 감히 이런 일을 심중에 품은 자가 누구며 그가 어디 있느냐 하니 에스더가 이르되 대적과 원수는 이 악한 하만이니이다 하니 하만이 왕과 왕후 앞에서 두려워하거늘 왕이 노하여 일어나서 잔치 자리를 떠나 왕궁 후원으로 들어가니라 하만이 일어서서 왕후 에스더에게 생명을 구하니 이는 왕이 자기에게 벌을 내리기로 결심한 줄 앎이더라(에 7:5-7).

두 번째 날에도 에스더는 왕과 하만을 잔치에 초대하였습니다. 기분이 좋아진 왕이 에스더에게 소원을 말하라고 합니다. 에스더가 하만이 자신의 민족을 죽이기 위해 음모를 꾸민다고 고발

했습니다. 그때 그 자리에 있던 하만이 그 말을 듣고 두려워하였습니다.

사실은 에스더가 그렇게 말을 할지라도 하만이 얼마든지 자신을 변명하고 왕후의 말을 부인할 수 있는데 하만은 스스로 두려워하였다고 했습니다. 에스더가 금식으로 기도하자 하나님께서 하만에게 두려움을 심은 것입니다. 하만은 변명조차 못하고 자신의 죄를 인정하고 말았습니다.

금식으로 기도하면 하나님께서 모든 진실을 드러내십니다. 하나님께서 사람의 의지를 주장하시기 때문입니다.

> 그들이 미스바에 모여 물을 길어 여호와 앞에 붓고 그날 종일 금식하고 거기에서 이르되 우리가 여호와께 범죄하였나이다 하니라 사무엘이 미스바에서 이스라엘 자손을 다스리니라(삼상 7:6).
> 사무엘이 번제를 드릴 때에 블레셋 사람이 이스라엘과 싸우려고 가까이 오매 그날에 여호와께서 블레셋 사람에게 큰 우레를 발하여 그들을 어지럽게 하시니 그들이 이스라엘 앞에 패한지라(삼상 7:10).

하나님은 백성들의 금식 기도를 통해 사람을 움직이고 상황을 움직여 하나님의 백성들에게 승리의 삶을 안겨 주십니다.

33장 선포 기도

왕상 18:41-46

⁴¹ 엘리야가 아합에게 이르되 올라가서 먹고 마시소서 큰 비 소리가 있
나이다

⁴² 아합이 먹고 마시러 올라가니라 엘리야가 갈멜 산 꼭대기로 올라가
서 땅에 꿇어 엎드려 그의 얼굴을 무릎 사이에 넣고

⁴³ 그의 사환에게 이르되 올라가 바다쪽을 바라보라 그가 올라가 바라
보고 말하되 아무것도 없나이다 이르되 일곱 번까지 다시 가라

⁴⁴ 일곱 번째 이르러서는 그가 말하되 바다에서 사람의 손 만한 작은 구
름이 일어나나이다 이르되 올라가 아합에게 말하기를 비에 막히지
아니하도록 마차를 갖추고 내려가소서 하라 하니라

⁴⁵ 조금 후에 구름과 바람이 일어나서 하늘이 캄캄해지며 큰 비가 내리
는지라 아합이 마차를 타고 이스르엘로 가니

⁴⁶ 여호와의 능력이 엘리야에게 임하매 그가 허리를 동이고 이스르엘로
들어가는 곳까지 아합 앞에서 달려갔더라

선포 기도

:: 　　　　　　기도의 사람은 기적이 상식이 되는 사람
입니다. 기도는 반드시 기적적인 일들을 일으킵니다. 엘리야는 무
엇을 기도하든지 기도한 대로 응답받았던 기적의 사람이었습니
다. 지금을 살아가는 그리스도인들 역시 기도한 대로 응답받는 기
적의 사람들입니다.

　이스라엘에 삼년 반 동안 비가 오지 않아서 고통을 겪고 있을 때
였습니다. 선지자 엘리야가 비가 오기를 간절히 기도하자 큰 비가
내리는 놀라운 기적이 일어났습니다.

하나님의 선포된 말씀을 들어야 합니다

많은 날이 지나고 제 삼 년에 여호와의 말씀이 엘리야에게 임하여 이르시
되 너는 가서 아합에게 보이라 내가 비를 지면에 내리리라(왕상 18:1).

엘리야의 기도는 단순한 소원이 아닙니다. 기도입니다. 소원과

기도는 다릅니다. 소원은 내가 구하는 것이고 기도는 하나님께서 약속하신 것이 이루어지는 것입니다.

엘리야는 하나님의 말씀을 듣고 기도하였습니다. 기도는 하나님의 말씀을 듣고 구하는 것입니다. 응답되는 기도의 비밀은 바로 여기에 있습니다.

사도행전 16장을 보면, 사도 바울은 드로아에서 하나님의 환상을 보고 유럽으로 건너갔습니다. 드로아 바닷가에서 하나님께서 주시는 믿음이 생길 때까지 기도했습니다. 마게도냐에서 건너와 도우라는 음성이 들릴 때까지 기도했습니다. 하나님의 인도하심을 따라 빌립보에 가서 복음을 전했습니다. 그런데 빌립보에서 복음을 전하다가 감옥에 갇혔습니다. 그런데 감옥에서도 절망하지 않고 기도했습니다. 빌립보에 와서 복음을 전하는 일이 하나님의 뜻이라는 말씀을 들었기 때문이었습니다. 말씀을 믿고 기도하였을 때에 감옥 문이 열리는 기적이 일어났습니다.

사도 바울은 가는 곳마다 복음의 능력을 증거했습니다. 구원의 길이 열리고, 감옥 문이 열리고, 병자가 치유되는 기적을 경험했습니다. 그는 모든 일에 확신을 가지고 나아갔습니다.

하나님의 응답을 믿고 선포해야 합니다

엘리야가 아합에게 이르되 올라가서 먹고 마시소서 큰 비 소리가 있나이다(왕상 18:41).

엘리야는 비를 내릴 것이라는 하나님의 말씀을 믿고 아합 왕에게 빗소리가 크게 들리니 이제 올라가서 안심하고 음식을 먹으라고 말합니다.

응답을 믿고 선포할 때 두 가지 역사가 일어납니다.

첫째, 하나님의 역사가 일어납니다. 기도의 응답을 믿고 말로 선포할 때 하나님의 역사가 일어납니다.

내가 진실로 너희에게 이르노니 누구든지 이 산더러 들리어 바다에 던져지라 하며 그 말하는 것이 이루어질 줄 믿고 마음에 의심하지 아니하면 그대로 되리라(막 11:23).

그리스도인의 말은 하나님에 대한 믿음의 고백입니다. 하나님의 역사는 전적으로 믿음의 역사입니다. 그리스도인들이 하나님에 대한 믿음을 입술로 고백할 때 하나님의 역사가 일어납니다. 그리스도인들이 하나님의 역사를 믿고 입으로 시인하고 선포하는 것에 능력이 있습니다. 왜냐하면 그리스도인들의 말은 믿음의 선언이기 때문입니다.

마가복음 7장에 귀신 들린 딸을 둔 가나안 여인의 이야기가 나옵니다. 주님이 그 여인의 믿음을 시험하기 위해 치유를 부탁하는 여인의 청을 거절하십니다. 그러자 개도 주인의 상에서 떨어지는 부스러기를 먹는다고 여인이 말합니다. 주님은 참으로 이 땅에서 이런 믿음을 본 적이 없다고 말씀하십니다. 믿음의 선언은 역사하는 힘이 있습니다.

둘째, 기도하는 사람 안에 역사가 일어납니다. 말에는 권세가 있습니다. 기도하고 믿음으로 선포하는 말에는 권세가 있습니다. 말은 말하는 사람을 움직이고 또한 말을 듣는 사람들을 움직입니다.

언어로 믿음을 선포하면 능력이 나타납니다. 신경 중에 가장 지배적인 역할을 하는 것이 언어 신경입니다. 눈으로 보고 촉각으로 느끼고 귀로 듣는 것보다 말이 인간의 뇌에 가장 큰 영향을 미칩니다. 똑같은 병명을 가진 환자들을 두 그룹으로 나눠 진행한 치료에 대한 에밀 쿠에의 자기 암시 연구 결과가 아주 인상적입니다. 한 그룹은 약물로만 치료를 했습니다. 또 다른 그룹은 약물을 투여하면서 하루에 30분씩 "나는 치료된다", "나는 완전히 치료된다"라고 선포하며 치료를 받게 했습니다. 결과가 어땠을까요? 말로 선포하며 치료한 그룹이 훨씬 치료 효과가 높았다고 합니다.

선포 기도는 하나님을 위하여 말하는 것입니다

너는 그에게 기도하겠고 그는 들으실 것이며 너의 서원을 네가 갚으리라 네가 무엇을 결정하면 이루어질 것이요 네 길에 빛이 비치리라(욥 22:27-28).

피터 와그너는 기도에는 간구와 선포가 있다고 했습니다(《도미니언》, WLI KOREA). 간구는 "너는 그에게 기도하겠고 그는 들으실 것이며"(욥 22:27)라는 말씀에 근거합니다. 선포는 "네가 무엇을 결정하면 이루어질 것이요"(욥 22:28)라는 말씀에 근거합니다. 그는 "선포할 때는 하나님께 무엇을 해 달라고 구하는 것이 아니"며 "우리가 하나님의 권세를 가지고 하나님의 뜻으로 알고 있는 어떤 것들이 이루어지도록 선언하는 것을 말한다"고 했습니다.

리처드 포스터는 다음과 같이 말했습니다. "우리는 지상에 아버지의 뜻을 행하도록 부름받고 있다. 우리는 하나님께 말하기보다 하나님을 위하여 말해야 한다. 우리는 하나님께 무엇을 해 달라고 말하지 말고 하나님의 권세를 사용해서 어떤 일이 이루어지도록 명령해야 한다."

34장 치유 기도 I

약 5:14-16

14 너희 중에 병든 자가 있느냐 그는 교회의 장로들을 청할 것이요 그들은 주의 이름으로 기름을 바르며 그를 위하여 기도할지니라

15 믿음의 기도는 병든 자를 구원하리니 주께서 그를 일으키시리라 혹시 죄를 범하였을지라도 사하심을 받으리라

16 그러므로 너희 죄를 서로 고백하며 병이 낫기를 위하여 서로 기도하라 의인의 간구는 역사하는 힘이 큼이니라

치유기도 I

: :   하나님께서 사람을 창조하셨습니다. 그 것은 사람을 완전하게 만드셨다는 것입니다. 몸이 아프고 병들었 다는 것은 원래 구조의 문제가 아닙니다. 몸이 제대로 역할을 못 하는 것에는 여러 가지 원인이 있겠지만, 많은 질병들이 영적 원 인을 가지고 있습니다.

병든 현상에 대한 영적인 이해가 필요합니다

그러므로 너희 죄를 서로 고백하며 병이 낫기를 위하여 서로 기도하라 의인의 간구는 역사하는 힘이 큼이니라(약 5:16).

영적 원인을 해결해야 몸이 치료됩니다. 놓치기 쉬운 영적 원인 들을 살펴 치유의 길로 가야 할 것입니다.

첫째, 생명체는 흘러가야 합니다. 몸이 병들었다는 것은 흐름 이 막혔다는 것입니다. 호흡, 혈액, 신경 등은 흘러가야 합니다.

기도할 때 막힌 것들이 열립니다. 주님은 막힌 담을 허무십니다. 막힌 기관들이 강력한 기도를 통해 뚫리고 소통되는 것이 치유입니다.

둘째, 생명체는 하나님의 질서를 따라야 합니다. 몸의 치유를 위해 애써야 하지만 또한 영적으로 온전해야 합니다. 하나님의 질서를 따르지 않을 때 몸으로 증상이 나타날 때가 있습니다. 악한 영이 지배하고 있기 때문입니다. 악한 영을 물리쳐야 합니다. 기도는 악한 영을 쫓아냅니다.

셋째, 생명체가 건강하기 위해서는 온전해야 합니다. 영적인 무기력함이 몸의 병을 불러옵니다. 기도를 많이 하면 영이 강건해지고 충만해집니다. 영혼이 잘 되어야 범사가 잘 되고 육체가 강건해집니다.

사랑하는 자여 네 영혼이 잘됨 같이 네가 범사에 잘되고 강건하기를 내가 간구하노라(요삼 1:2).

넷째, 모든 질병 뒤에는 영적인 병이 숨어 있습니다. 영이 살아야 병이 낫습니다. 육체적인 비만은 영이 허전하기 때문입니다. 영의 허전함을 육신에 채우는 것입니다.

그러나 사람은 위장을 채워야 하는 것이 아니라 심장을 채워야 합니다. 영혼이 충만해야 합니다. 가장 귀한 것을 가지면 덜 귀한 것은 포기하기 마련입니다.

요한복음 4장에 등장하는 사마리아의 수가성 여인은 남편이 다섯이지만 만족함이 없었습니다. 그러다 주님을 만나서 드디어 영혼의 만족함을 얻었고 구원을 얻었습니다.

치유 기도는 영혼을 구원하는 일입니다

믿음의 기도는 병든 자를 구원하리니 주께서 그를 일으키시리라 혹시
죄를 범하였을지라도 사하심을 받으리라(약 5:15).

사람들이 치유를 위해 기도하는 것을 주저합니다. 기도 응답을
받을 수 있다는 믿음이 부족하기 때문입니다. 그러나 치유 기도는
반드시 응답됩니다. 치유 기도는 병을 고치는 게 목적이 아니라
영혼을 구원하는 것이 목적이기 때문입니다.

나사로가 병들었다 함을 들으시고 그 계시던 곳에 이틀을 더 유하시고
(요 11:6).

주님은 나사로가 '병들었을 때'에 즉각 찾아가지 않으셨습니다.
나사로가 '죽었다'는 말을 들으시고 나서 찾아가셨고 살려 주셨습
니다. 가족들은 병의 치료를 바랐지만, 주님은 죽은 자를 다시 살
려 주셨습니다. 치유는 주님의 뜻이 이루어지는 것입니다.

그러므로 내가 그리스도를 위하여 약한 것들과 능욕과 궁핍과 박해와
곤고를 기뻐하노니 이는 내가 약한 그때에 강함이라(고후 12:10).

바울은 육체의 가시 때문에 세 번 씩이나 기도했지만 낫지 않았
습니다. 바울은 육체적인 가시 때문에 주님 앞에서 더욱 겸손하게
살았습니다. 기도의 응답은 하나님의 뜻이 이루어지는 것입니다.

기도로 치유되어야 하는 질병이 있습니다

모든 병을 기도로 치료해야 하는 것은 아닙니다. 병원과 약물도 하나님이 주신 치료 방법입니다. 그러나 병원에서나 약물로도 치료되지 않은 질병이 있습니다. 영적으로 치유해야 하는 병이기 때문입니다. 기도로만 나을 수 있는 병이기 때문입니다.

먼저, 병원에서 치료를 받지만 원인을 모르고 아픈 병은 기도로만 치유됩니다. 또한 약물로 치료하지만 치료가 되지 않는 질병들은 기도로 치유를 받아야 합니다. 정신병 중에서도 물리적인 원인이 밝혀지지 않는 질병은 기도로 치유되어야 합니다.

> 백성이 호르 산에서 출발하여 홍해 길을 따라 에돔 땅을 우회하려 하였다가 길로 말미암아 백성의 마음이 상하니라 백성이 하나님과 모세를 향하여 원망하되 어찌하여 우리를 애굽에서 인도해 내어 이 광야에서 죽게 하는가 이곳에는 먹을 것도 없고 물도 없도다 우리 마음이 이 하찮은 음식을 싫어하노라 하매 여호와께서 불뱀들을 백성 중에 보내어 백성을 물게 하시므로 이스라엘 백성 중에 죽은 자가 많은지라 백성이 모세에게 이르러 말하되 우리가 여호와와 당신을 향하여 원망함으로 범죄하였사오니 여호와께 기도하여 이 뱀들을 우리에게서 떠나게 하소서 모세가 백성을 위하여 기도하매 여호와께서 모세에게 이르시되 불뱀을 만들어 장대 위에 매달아라 물린 자마다 그것을 보면 살리라 모세가 놋뱀을 만들어 장대 위에 다니 뱀에게 물린 자가 놋뱀을 쳐다본즉 모두 살더라(민 21:4-9).

이스라엘 백성들이 광야에서 다시 에돔으로 돌아가려고 하자 모세는 마음이 상하여 하나님을 원망하였습니다. 이에 하나님께서 불뱀을 보내 그들을 물게 하여 많은 백성이 아프거나 죽게 되었습니다. 백성들이 돌이키자 모세가 다시 기도했습니다. 이번에는 하나님께서 놋뱀을 만들어 장대 위에 매다시고 그것을 바라보는 사람들은 살 것이라고 하셨습니다. 놋뱀을 바라본 사람들은 모두 나음을 얻었습니다.

하나님의 뜻이 이루어질 것을 믿고 병든 자를 위해 기도하기를 게을리하지 말아야 합니다.

35장 치유 기도 Ⅱ

요 5:5-9

⁵ 거기 서른여덟 해 된 병자가 있더라

⁶ 예수께서 그 누운 것을 보시고 병이 벌써 오래된 줄 아시고 이르시되
네가 낫고자 하느냐

⁷ 병자가 대답하되 주여 물이 움직일 때에 나를 못에 넣어 주는 사람이
없어 내가 가는 동안에 다른 사람이 먼저 내려가나이다

⁸ 예수께서 이르시되 일어나 네 자리를 들고 걸어가라 하시니

⁹ 그 사람이 곧 나아서 자리를 들고 걸어가니라

35장 치유 기도 II

:: 　　　　　유월절에 예수님께서 예루살렘의 베데스다라는 연못에 가셨습니다. 그곳에서 38년 동안 몸을 움직이지 못하는 환자를 치유해 주십니다. 그 사람에게는 몇 가지 어려움이 있었습니다.

첫째, 38년 동안 이 상태로 지냈습니다. 1년도 아니고 2년도 아니고 38년을 병든 몸으로 살았습니다. 이제는 익숙해져서 더 이상 어떤 희망도 없을 만합니다. 그런데 그는 여전히 낫고자 하는 믿음을 포기하지 않았습니다.

둘째, 아무도 도와주는 사람이 없습니다. 주변에 그를 도와주는 사람이 아무도 없다고 했습니다. 사람들의 희망은 사람에 근거합니다. 그 사람은 사람들에 대한 희망이 없습니다. 그러나 그는 믿음을 포기하지 않았습니다.

셋째, 당장에 다른 대안이 없습니다. 그에게는 이 삶에서 벗어날 수 있는 아무런 대안이 없습니다. 그러나 그 사람은 자신이 치유되어야 한다는 믿음을 포기하지 않았습니다.

다른 것은 아무것도 가진 것이 없었지만 오직 믿음이 있었습니다. 믿음이 그 사람의 인생을 역전시켰습니다.

믿음이 있어야 합니다

낫고자 하느냐(요 5:6).

주님께서 이 사람에게 확인하고 싶은 것은 그의 믿음이었습니다. "주여 물이 움직일 때에 나를 못에 넣어 주는 사람이 없어 … 다른 사람이 먼저 내려가나이다"(요 5:7)라고 대답했습니다. 낫고는 싶은데 방법이 없다는 말입니다. 주님은 그 사람이 가진 믿음을 확인하고자 하십니다.

베데스다 연못에는 수많은 환자가 있었지만, 그중에서 낫기를 원하는 사람만 치유되었습니다. 믿음이 그 사람의 운명을 바꾸었습니다. 사람에게 가장 큰 문제는 육신의 병이 아니라 영적인 병입니다. 가난이 문제가 아닙니다. 그 가난에 대한 생각이 문제입니다.

주님은 조건이 아무리 불리하더라도 그 사람에게 여전히 치유에 대한 믿음이 있는지를 확인하셨습니다. 약을 먹고 나을 병이라면 이런 질문이 필요 없습니다. 오직 주님의 능력이 아니면 다른 희망이 없습니다.

주님의 능력은 믿음으로 역사합니다. 주님은 "너희 믿음대로 되라"(마 9:29)고 말씀하십니다.

치유의 비밀은 우리의 신분에 있습니다

영접하는 자 곧 그 이름을 믿는 자들에게는 하나님의 자녀가 되는 권세
를 주셨으니 이는 혈통으로나 육정으로나 사람의 뜻으로 나지 아니하고
오직 하나님께로부터 난 자들이니라(요 1:12-13).

우리는 주님의 자녀입니다. 주님은 그분의 자녀들을 사랑하십
니다. 사랑하는 자녀들을 만지고 치유하고 온전하게 해 주시기를
바라십니다. 그래서 자녀들의 기도에 반드시 응답하십니다. 이미
주님은 응답하실 준비가 되어 있습니다.

치유는 주님의 뜻입니다

사랑하는 자여 네 영혼이 잘됨 같이 네가 범사에 잘되고 강건하기를 내
가 간구하노라(요삼 1:2)

그리스도인들을 향한 주님의 소원은 범사에 잘되고 강건하게
되는 것입니다. 그리스도인의 인생은 예수 그리스도 안에 있습니
다. 그리스도인들 각자의 형편과 처지에 그 인생이 달린 것이 아
닙니다. 보혈로 구원하신 주님의 사랑과 권능 안에 그들 인생이
있습니다. 주님은 그리스도인들 한 사람 한 사람을 구원하기 원하
십니다. 또한 그리스도인 개개인이 건강하고, 삶이 부유하고 복되
기를 원하십니다.

기도가 병을 치료하는데 실제로 도움이 된다는 미국 대학 연구
팀의 조사 결과가 공개됐습니다. 미국 인디애나대학교 연구팀은
아프리카 모잠비크에서 시각과 청각장애를 가진 환자 가까이에

서 '근접 중보 기도'(PIP)를 하고 상태를 관찰한 결과 일부 환자들의 장애가 실제로 크게 완화됐다고 주장했습니다.

캔디 건터 브라운 교수가 주도한 연구팀에는 과학자들과 의사들이 동참했으며, 조사 대상 환자로는 모잠비크 현지에 사는 청각장애인 14명과 시각장애인 11명이 참여했습니다.

연구팀의 PIP는 1명 이상이 환자를 위해 바로 앞에서 기도하고, 신체적으로도 자주 접촉하는 형태로 진행됐습니다. 그리스도인들은 1-15분간 PIP를 계속했고, 일부는 1시간 이상 장애인들과 시간을 보내면서 머리에 손을 얹고 포옹 등 신체적인 접촉도 병행했습니다.

그 결과 실험 참가자 11명의 청력이 놀랄 만큼 향상됐고 시각장애도 크게 완화됐습니다. 특히 청각장애인 참가자 2명은 기도 이후, 50데시벨(*dB*)의 낮은 소리를 들을 수 있게 됐습니다. 또한 시각장애인 참가자 3명도 빛을 겨우 인지할 수 있는 수준에서 훨씬 나은 수준으로 시각이 크게 향상됐습니다.

치유 기도는 그리스도인의 몸을 회복시키고자 하는 하나님의 뜻입니다.

오늘의 기도

주님의 사랑으로 허물을 가리고 주님의 은혜 안에 거하게 하소서. 마음이 하늘을 향해 열리게 하시고, 영혼이 경건에 눈뜨게 하소서. 주님의 생명수가 흐르게 하시고, 그 강물에 염려와 근심, 불안과 두려움, 미움과 불평을 씻게 하소서. 어두운 영혼이 밝게 하시고 예배 중에 말씀을 듣게 하소서. 응답의 소리를 듣게 하소서.

36장 축복 기도

창 27:30-35

³⁰ 이삭이 야곱에게 축복하기를 마치매 야곱이 그의 아버지 이삭 앞에서 나가자 곧 그의 형 에서가 사냥하여 돌아온지라

³¹ 그가 별미를 만들어 아버지에게로 가지고 가서 이르되 아버지여 일어나서 아들이 사냥한 고기를 잡수시고 마음껏 내게 축복하소서

³² 그의 아버지 이삭이 그에게 이르되 너는 누구냐 그가 대답하되 나는 아버지의 아들 곧 아버지의 맏아들 에서로소이다

³³ 이삭이 심히 크게 떨며 이르되 그러면 사냥한 고기를 내게 가져온 자가 누구냐 네가 오기 전에 내가 다 먹고 그를 위하여 축복하였은즉 그가 반드시 복을 받을 것이니라

³⁴ 에서가 그의 아버지의 말을 듣고 소리 내어 울며 아버지에게 이르되 내 아버지여 내게 축복하소서 내게도 그리하소서

³⁵ 이삭이 이르되 네 아우가 와서 속여 네 복을 빼앗았도다

36장 축복 기도

:: 세상에는 두 종류의 사람이 있습니다. 육적인 복의 사람과 영적인 복의 사람입니다. 육적인 복의 사람은 자신이 손에 가진 것을 줄 수 있는 사람입니다. 돈을 줄 수 있고 양식을 줄 수 있는 사람입니다. 영적인 복의 사람은 축복을 빌어 줄 수 있는 사람입니다. 이들은 손에 가진 것을 떠나 영으로 믿는 만큼 줄 수 있는 사람입니다. 자신의 믿음대로 축복해 줄 수 있는 사람입니다.

손에 가진 것을 줄 수 있는 사람은 자신의 능력만큼 줍니다. 그러나 손에 가진 것은 없어도 믿음으로 축복해 줄 수 있는 사람은 믿음의 분량만큼 줄 수 있습니다. 아버지가 가난해서 자식에서 줄 수 있는 돈이 없어도 자식을 위해 축복해 줄 수 있다면 그것이 더 큰 복입니다. 축복할 수 있는 것이 축복입니다. 하늘의 창고 열쇠를 가진 사람이 축복받은 사람입니다.

내가 천국 열쇠를 네게 주리니 네가 땅에서 무엇이든지 매면 하늘에서도 매일 것이요 네가 땅에서 무엇이든지 풀면 하늘에서도 풀리리라 하시고(마 16:19).

구약시대 사람들은 축복의 힘을 잘 알았습니다. 그 시대에는 가장의 죽음이 가까워지면 서열이 높은 아들을 불러들여 그 머리에 손을 얹고 그의 미래를 축복했습니다. 가족들은 이 선포의 말을 유언으로 여겼습니다. 이 말에는 아들들의 미래에 성공과 번영과 건강을 가져다줄 영적 권위와 능력이 있었습니다.

이삭의 두 아들인 야곱과 에서의 이야기를 보십시오. 야곱이 아버지 이삭을 속이고 축복권을 가로챘습니다. 야곱은 장자인 에서가 받아야 할 축복을 빼앗습니다. 축복받을 자격이 없어 보입니다. 그러나 야곱에게 내린 축복은 유효합니다. 여기서 우리는 매우 중요한 사실을 발견합니다.

축복은 복을 받는 사람의 상태에 근거하지 않습니다

축복은 복을 비는 사람에 의한 것이지 복을 받는 사람의 상태에 근거하지 않습니다. 하나님의 복은 복을 빌어 주는 사람에게서 나가는 것이지 받는 사람에게 있지 않습니다. 누구든지 축복을 빌어 주면 하나님의 은총이 임합니다. 야곱이 부정한 방법을 사용했지만 복은 이삭의 기원을 통해서 임하였습니다. 야곱은 아버지 이삭에게 거짓말을 했습니다.

나는 아버지의 맏아들 에서로소이다(창 27:19).
하나님 여호와께서 나로 순조롭게 만나게 하셨음이니이다(창 27:20).
네가 참 내 아들 에서냐 그가 대답하되 그러하니이다(창 27:24).

야곱은 복을 받을 자격이 없는 사람이지만 이삭이 축복하였으므로 복이 임했습니다.

축복 기도는 사람이 하고 축복은 하나님이 하십니다

이삭이 심히 크게 떨며 이르되 그러면 사냥한 고기를 내게 가져온 자가 누구냐 네가 오기 전에 내가 다 먹고 그를 위하여 축복하였은즉 그가 반드시 복을 받을 것이니라 에서가 그의 아버지의 말을 듣고 소리 내어 울며 아버지에게 이르되 내 아버지여 내게 축복하소서 내게도 그리하소서 이삭이 이르되 네 아우가 와서 속여 네 복을 빼앗았도다(창 27:33-35).

이삭은 에서에게 주어야 할 축복을 야곱에게 잘못 주었습니다. 에서가 야곱의 속임을 다 말했습니다. 이삭은 자신이 야곱에게 속은 것을 알았습니다. 이삭이 눈이 어두워 실수를 한 것입니다. 억울한 에서가 다시 축복을 비는 기도를 부탁했습니다. 그러나 이미 복은 야곱에게로 옮겨 갔다고 말했습니다. 축복은 사람이 빌지만 역사는 하나님이 하십니다. 축복 기도는 하나님을 믿고 구하는 기도입니다.

축복은 하나님이 주시는 것입니다

여호와께서 그에게 이르시되 두 국민이 네 태중에 있구나 두 민족이 네 복중에서부터 나누이리라 이 족속이 저 족속보다 강하겠고 큰 자가 어린 자를 섬기리라 하셨더라(창 25:23).

이삭은 실수하였지만 사실은 하나님의 뜻대로 되었습니다. 자녀들을 축복하는 것은 하나님의 뜻이 이루어지는 통로입니다.

말은 공중에 흩어져 사라지는 연기가 아니라 하나님의 보좌 앞에 올라가는 향기입니다. 하나님은 우리의 말을 따라 행하십니다. 축복 기도가 축복입니다. 축복할 수 있는 것이 축복입니다. 축복하는 것이 축복입니다.

오늘의 기도

새로운 날을 주심에 감사합니다. 새 날에는 새 일을 행하실 주님을 기대합니다. 새 날은 새 믿음으로 살게 하시고, 새 소망으로 살게 하소서. 새 날은 새로운 기도로 나아가게 하시고, 새 축복을 누리게 하소서. 자녀들이 믿음 안에서 말씀과 기도로 자라게 하소서. 허락하신 기업을 축복하시고 하나님께 영광 돌리게 하소서.

37장 영적 기억력

신 8:1-4

¹ 내가 오늘 명하는 모든 명령을 너희는 지켜 행하라 그리하면 너희가 살고 번성하고 여호와께서 너희의 조상들에게 맹세하신 땅에 들어가서 그것을 차지하리라

² 네 하나님 여호와께서 이 사십 년 동안에 네게 광야 길을 걷게 하신 것을 기억하라 이는 너를 낮추시며 너를 시험하사 네 마음이 어떠한지 그 명령을 지키는지 지키지 않는지 알려 하심이라

³ 너를 낮추시며 너를 주리게 하시며 또 너도 알지 못하며 네 조상들도 알지 못하던 만나를 네게 먹이신 것은 사람이 떡으로만 사는 것이 아니요 여호와의 입에서 나오는 모든 말씀으로 사는 줄을 네가 알게 하려 하심이니라

⁴ 이 사십 년 동안에 네 의복이 해어지지 아니하였고 네 발이 부르트지 아니하였느니라

영적 기억력

::   신명기는 하나님을 기억하라는 말씀입니다. 광야에서 배고프고 힘들 때에 하나님께서 지난 40년 어떻게 인도하셨는지 기억하라는 것입니다. 가나안에 정착하여 배부르고 좋은 집에 살게 되자 백성들은 육신의 만족에 빠져 하나님에 대한 기억력이 희미해졌기 때문입니다.

이에 하나님께서 이스라엘 백성들에게 지키도록 절기들을 정하여 주십니다. 무교절, 유월절, 맥추절, 오순절, 초막절 등입니다. 이 모든 절기는 하나님을 기억하기 위해 정하여 준 규례입니다.

그리스도인은 그 안에 하나님의 영이 있습니다. 현대인의 문제는 이 영적인 기억력을 상실하여 하나님에 대한 기억이 없다는 것입니다. 하나님을 알아보지 못합니다. 하나님을 만나기 원해서 수많은 사람들이 열심을 내어 교회에 모이지만 여전히 예배 가운데 하나님의 거룩한 임재를 잘 누리지 못합니다. 그리스도인들의 영이 그분의 임재를 느끼지 못하기 때문입니다. 하나님을 간절히 갈망하고 구하지 않아서가 아닙니다. 모든 그리스도인들이 하나님의 임재와 동행하심을 소원합니다만 누리며 살지 못합니다. 하나님의 임재가 없는 것이 아니라 그 임재를 감각하는 영적인 능력이 상실되었기 때문입니다.

장이머우 감독의 〈5일의 마중〉이라는 영화가 있습니다. 중국의 문화대혁명 때 유배지에 끌려간 남편을 아내가 간절히 기다립니다. 어둠의 시대가 끝나고 모든 사람들이 고향으로 돌아왔습니다. 류엔스란 남편도 사랑하는 아내의 집을 찾아왔습니다. 안타깝게도 아내는 남편을 알아보지 못합니다. 남편을 기다리며 그 험한 시대를 견디다가 기억상실증에 걸려 사람을 알아보지 못합니다. 그토록 기다리던 남편이 돌아왔는데 아내는 그 돌아온 남편을 옆집 아저씨라 생각하고 무서워합니다. 그러고는 여전히 매월 5일이면 기차역에 나가서 남편을 기다립니다. 남편이 5일에 돌아온다고 편지를 했기 때문입니다. 남편은 사랑하는 아내의 기억력을 회복시키기 위해 그전에 집에서 들려주었던 피아노를 연주하기도 하고 아내에게 보낸 수많은 편지들을 읽어 주기도 합니다. 아내의 기억력이 회복되어야 자신을 남편으로 맞아들일 수 있기 때문입니다. 영화는 아내가 나이 들어 할머니가 될 때까지 한결같이 5일이면 기차역에서 류엔스란 남편 이름이 적힌 팻말을 들고, 이미 돌아온 남편을 여전히 기다리는 풍경으로 끝이 납니다.

남편은 이미 곁에 와 있지만 아내는 남편에 대한 기억력이 없기 때문에 남편을 맞이하지 못합니다. 그래서 나이가 들어서도 남편을 간절히 만나기 원합니다.

> 볼지어다 내가 문 밖에 서서 두드리노니 누구든지 내 음성을 듣고 문을 열면 내가 그에게로 들어가 그와 더불어 먹고 그는 나와 더불어 먹으리라(계 3:20).

그리스도인은 영적인 기억력을 회복해야 합니다. 주님을 찬양하고 그분의 말씀을 듣고 기도할 때 숨겨진 하나님에 대한 영적인 기억력이 회복될 것입니다.

하나님에 대한 영적인 기억력이 회복되어야 하는 몇 가지 이유가 있습니다.

모든 사람에게는 하나님의 뜻이 있습니다

네 하나님 여호와께서 이 사십 년 동안에 네게 광야 길을 걷게 하신 것을 기억하라 이는 너를 낮추시며 너를 시험하사 네 마음이 어떠한지 그 명령을 지키는지 지키지 않는지 알려 하심이라(신 8:2).

하나님에 대한 영적인 기억력이 회복되어야 하는 첫 번째 이유는, 모든 사람에게 하나님의 뜻이 있기 때문입니다.

지난 40년 동안 광야에서 고난을 겪은 것은 어쩌다 경험한 힘들고 어려운 고생이 아닙니다. 하나님께서 그분의 백성들을 단련시키기 위한 것입니다. 고난은 누구나 겪습니다. 고난 속에 숨겨진 하나님의 계획을 아는 것이 복입니다. 우리에게 인생의 답이 있는 것이 아닙니다. 하나님께서 이미 계획하신 일들이 이루어지는 것입니다. 그리스도인들은 모두 하나님에게서 난 사람들입니다.

하나님의 음성을 들어야 합니다

너를 낮추시며 너를 주리게 하시며 또 너도 알지 못하며 네 조상들도 알지 못하던 만나를 네게 먹이신 것은 사람이 떡으로만 사는 것이 아니요 여호와의 입에서 나오는 모든 말씀으로 사는 줄을 네가 알게 하려 하심이니라(신 8:3).

하나님에 대한 영적인 기억력이 회복되어야 하는 두 번째 이유는, 하나님의 음성을 들어야 하기 때문입니다.

그리스도인은 여호와의 입에서 나오는 말씀을 들어야 합니다. 주님의 음성을 들을 수 있어야 합니다. 문제는 믿음을 의지의 문제로 간주하는 것입니다. 하나님을 믿는 의지를 가지는 것이 믿음이라고 착각합니다. 아무리 의지를 가져도 그럴 수 있는 상태에 있지 않으면 안 됩니다. 바로 하나님에 대한 기억력이 회복된 상태가 되어야 합니다.

하나님의 음성을 듣기 위해서는 먼저 하나님에 대한 기억력이 회복되어야 합니다. 하나님을 알아보아야 합니다. 하나님을 모르면 하나님의 음성을 들을 수 없습니다.

하나님이 인도하십니다

이 사십 년 동안에 네 의복이 해어지지 아니하였고 네 발이 부르트지 아니하였느니라(신 8:4).

하나님에 대한 영적인 기억력이 회복되어야 하는 세 번째 이유는 하나님이 우리 인생을 인도하시기 때문입니다.

지난 40년 동안 아무것도 없는 광야에서 의복이 해지지 않고 발이 부르트지 않은 것은 하나님께서 인도하셨기 때문입니다. 하나님의 백성들이 기억해야 하는 것은 지금까지 하나님께서 그들의 길을 인도하셨다는 사실입니다. 앞으로의 길도 하나님께서 인도하시리라는 것을 알아야 합니다. 홍해와 요단 강 앞에서도, 여리고성 앞에서도 인도하신 하나님입니다. 늘 곁에 인도자가 되어 주시는 하나님께서 함께 계심을 기억해야 합니다.

38장 영적 집중력

롬 7:19-23

¹⁹ 내가 원하는 바 선은 행하지 아니하고 도리어 원하지 아니하는 바 악을 행하는도다

²⁰ 만일 내가 원하지 아니하는 그것을 하면 이를 행하는 자는 내가 아니요 내 속에 거하는 죄니라

²¹ 그러므로 내가 한 법을 깨달았노니 곧 선을 행하기 원하는 나에게 악이 함께 있는 것이로다

²² 내 속사람으로는 하나님의 법을 즐거워하되

²³ 내 지체 속에서 한 다른 법이 내 마음의 법과 싸워 내 지체 속에 있는 죄의 법으로 나를 사로잡는 것을 보는도다

38장 영적 집중력

::   기도하는 사람은 기도에 전념하고 집중하기 원합니다. 기도를 호흡처럼 쉬지 않고 하는 것입니다. 그러나 현실은 그렇게 늘 쉽지 않습니다. 많은 사람들이 기도하기를 소망하면서도 기도를 놓치고 살아갑니다. 늘 자신의 약한 의지와 믿음을 안타까워합니다. 의지와 노력이 약한 것이 아니라 영이 육의 지배를 받기 때문입니다. 기도하고자 하는 생각과 기도하지 못하는 현실 속에는 영적인 원리가 있습니다.

사도 바울은 "내가 원하는 바 선을 행하지 아니하고 원치 않는 악을 행한다"라고 고백했습니다. 자기 자신 속에 '다른 법, 곧 죄와 사망의 법'이 있어서 죄를 향하여 끌려가며 억지로 싫어하는 것을 행하게 된다는 말입니다. 자신이 원하는 것을 하지 못하고 원하지 않는 행동을 하기 때문에 고통스럽다는 말입니다. 자신이 선을 행하고 싶어 하지만 실제로는 악을 행하기 때문에 고통스럽다는 것입니다.

엄밀히 말하면 이 말은 모순입니다. 사람은 누구나 자기가 원하는 것을 행하기 마련입니다. 자기가 싫어하는 것을 피합니다. 가기 싫은 곳을 가고, 보고 싶지 않은 것을 보는 사람은 없습니다. 사람이 어떤 행위를 한다면, 그 행위를 좋아하기 때문입니다. 그렇다면 본문의 의미는 무엇일까요? 왜 자신이 죄와 사망의 법 아래 있다고 신음하는 것일까요?

머리로는 죄가 나쁘다는 것을 잘 알고 있으면서도 마음으로는 그 죄의 행위를 즐거워한다는 말입니다. 어떤 행위가 옳지 않다는 것을 알지만, 사실은 마음속으로 원한다는 것입니다. 영이 바라고 소원하는 것을 육이 이루지 못합니다. 현실은 육이 영을 지배합니다.

어떤 일보다 기도를 먼저 하십시오

내가 원하는 바 선은 행하지 아니하고 도리어 원하지 아니하는 바 악을 행하는도다 만일 내가 원하지 아니하는 그것을 하면 이를 행하는 자는 내가 아니요 내 속에 거하는 죄니라(롬 7:19-20).

사도 바울은 원하는 것을 행하지 않고 원하지 않는 것을 행한다고 말합니다. 사람이란 생각으로 바라고 원하는 것보다 더 강한 것이 그 속에 있습니다. 바로 죄입니다. 생각을 바르게 해야 하는 것이 아니라 죄를 이겨야 합니다.

주님도 말씀하셨습니다. "시험에 들지 않게 깨어 있어 기도하라 마음에는 원이로되 육신이 약하도다"(막 14:38). 영과 육이 갈등하면 늘 육이 이기게 되어 있습니다. 영과 육이 갈등 관계에 놓이면 안 됩니다. 영은 그냥 순종할 뿐이지 육적인 조건을 두면 반드시 넘어지게 되어 있습니다. 기도 모임에 가야겠다는 마음이 들면 그 시간에 가기를 결정하고 무조건 나가야 합니다. 그때 사정을 봐서 결정하겠다고 생각하면 그 시간에 반드시 더 급한 일이 생기기 마련입니다.

영의 결정을 육에게 맡기면 안 됩니다. 하나님 말씀은 판단의 대상이 아니라 순종의 대상입니다. 영의 생각을 육에게 맡기지 마십시오. 기도하겠다는 생각을 상황이나 조건에 맡기지 말고 영의 생각을 시행해야 합니다. 기도는 어떤 일보다 먼저 행하여야 합니다. 기도가 가장 우선적인 일이 되어야 합니다.

영적인 충만함을 유지하십시오

만일 내가 원하지 아니하는 그것을 하면 이를 행하는 자는 내가 아니요 내 속에 거하는 죄니라 그러므로 내가 한 법을 깨달았노니 곧 선을 행하기 원하는 나에게 악이 함께 있는 것이로다(롬 7:20-21).

생각이란 드러나는 표면의 것입니다. 그보다 더 깊은 중심에 자신이 좋아하는 즐거움이 있습니다. 즐거워하는 것이 내 생각보다 더 깊은 곳에 자리잡고 있습니다.

사람이 어떤 행동을 하는 것은 의식의 표면에 있는 생각에서 나온 것이 아닙니다. 마음의 중심에 자리잡은 즐거움에서 나온 것입니다. 그 사람이 즐거워하는 것이 행동을 주장합니다.

어떤 사람이 다이어트를 하고 싶다고 생각했습니다. 그러나 그런 생각이 맛있는 음식에 대한 욕구를 이길 수가 없습니다. 건강을 생각하여 다이어트를 하겠다는 것은 바르고 옳은 것이지만 이미 맛있는 음식에 길들여진 육신의 욕구를 이길 수가 없습니다.

영의 사람으로 살기 위해서는 영적인 충만함을 누려야 합니다. 영적인 생활이 가장 좋고 가장 기쁜 일이 되어야 합니다. 그러기 위해서는 영적인 감각을 깨워 영혼의 충만함을 유지해야 합니다.

오래 기도를 하면 사람 안에 있는 내적인 감각이 살아납니다. 사람은 결심과 각오로 육을 이기며 살 수 없습니다. 그 안에 영적인 능력이 살아나야 합니다. 기도를 하면 점점 하나님의 임재에 예민해지고 주님을 사모하게 됩니다. 기도를 하면 생각이 바뀌는 것이 아니라 내 안에 주님의 영이 충만하게 역사합니다.

기도가 기쁨이 되고 즐거움이 되어야 합니다. 은혜를 사모해야 합니다. 기도를 위해서 더 많은 은혜를 사모하고 예배와 말씀, 경건에 힘써야 합니다. 은혜가 충만한 가운데 거하면 죄를 이기고 선을 행하게 됩니다. 그럴 때 기도는 무거운 의무가 아니라 기쁨의 축제가 됩니다.

성령을 의지하십시오

이와 같이 성령도 우리의 연약함을 도우시나니 우리는 마땅히 기도할 바를 알지 못하나 오직 성령이 말할 수 없는 탄식으로 우리를 위하여 친히 간구하시느니라(롬 8:26).

그리스도인의 가장 큰 능력은 그리스도의 영입니다. 우리 안에 성령이 계시다는 것이 가장 큰 능력입니다. 성령의 주권을 인정하고 살아갈 때 가장 능력 있는 사람이 됩니다. 자기 스스로의 노력으로 기도하면 금방 한계에 이르고 맙니다. 늘 성령의 인도하심을 구하십시오. 우리보다 성령이 먼저 우리를 위하여 친히 간구하십니다.

성령의 주권을 따르기 위해서는 먼저 자신의 주권을 내려놓아야 합니다. 내가 주도하면 육신의 소욕을 따르기 쉽습니다. 나의 주권을 내려놓고 성령을 의지하면 영의 소원을 이루게 됩니다. 내 안에 성령이 이루 말할 수 없는 탄식으로 우리를 위하여 친히 간구하고 있습니다.

그리스도인은 그 안에 그리스도의 영이 살아 있어야 합니다. 잘못된 습관을 고치려고 노력하기보다 간절히 기도하고 성령에 의지하면 잘못된 습관은 자연히 떠나갑니다. 그리스도인은 스스로 새로운 사람이 되려고 노력하는 것이 아니라 먼저 그리스도께 가까이 가기 위해 영적 싸움을 해야 합니다. 예수 그리스도께서 우리를 새로운 사람으로 만들어 주십니다.

오늘의 기도

죄인 된 나를 의인되게 하신 주님을 찬양합니다. 예수 그리스도가 참된 소망이요 진리이며 영생입니다. 예수 그리스도만이 완전하고 온전하십니다. 예수 그리스도가 처음이요 마지막이십니다. 예수 그리스도가 기쁨이요 능력이십니다. 예수 그리스도가 치료자 되시고 제 삶의 주인 되십니다. 예수 그리스도만을 찬양합니다.

39장 하루 3시간 기도

단 6:10

¹⁰ 다니엘이 이 조서에 왕의 도장이 찍힌 것을 알고도 자기 집에 돌아가
서는 윗방에 올라가 예루살렘으로 향한 창문을 열고 전에 하던 대로
하루 세 번씩 무릎을 꿇고 기도하며 그의 하나님께 감사하였더라

39장 하루 3시간 기도

:: 　　　　　그리스도인들의 기도 시간이 짧아지고
있습니다. 장로회신학대학교 유해룡 교수님이 이끄시는 '영성 목
회를 돕는 모임'이 전국의 그리스도인 1,286명을 대상으로 설문
조사를 한 결과, 1인당 하루 평균 기도 시간은 24분 41초였습니
다. 이는 2005년 한국갤럽의 조사 결과인 27분보다 약 2분 19초
가 더 줄어든 수치입니다. 이 같은 내용은 경기도 광주 소망수양
관에서 열린 영성수련회에서 이경용(소망교회 부목사), 유해룡(장
로회신학대학교, 교수), 손의성(연세대학교 사회복지연구소 소장) 등이
'한국 교회 성도의 기도 생활에 관한 연구 설문조사 결과'-한국
교회 성도의 기도 생활 연구(〈목회와신학〉 2007년 9월호에서 정리하
여 실은 내용)를 발표한 자리에서 공개됐습니다.

　설문 응답자들은 '하루 평균 기도 시간'을 묻는 질문에 '기도하
지 않는다'는 응답부터 최고 210분까지 기도한다는 답까지 다양
하게 답했으며, 평균적으로 구하니 24분 41초였습니다. '얼마 동
안 기도하고 싶은가'라는 질문에 대해서는 평균 51분이었습니다.
대부분의 그리스도인들이 자신의 기도 생활에 만족하지 못하고

있음을 시사합니다. 규칙적으로 기도한다는 사람은 51.5퍼센트였으며, 불규칙하다는 응답은 48.5퍼센트였습니다.

지금은 기도의 시간을 더욱 늘리는 것이 시급한 과제입니다.

기도의 사람들은 하루 3시간 기도했습니다

예수님도 새벽부터 밤까지 기도하는 삶을 사셨습니다. 때로는 밤을 새우기도 하셨고 때로는 새벽 미명에 기도하시는 삶을 사셨습니다. 마틴 루터는 자신의 일이 너무 많아지자 기도의 시간을 더 늘려 3시간씩 기도했습니다.

종교 개혁자 마틴 루터는 "만일 내가 새벽 3시간을 기도하는 일을 실패하면 그날의 승리는 마귀에게로 돌아간다"고 말했습니다. 장로교의 창설자 존 낙스도 새벽 3시간을 성별하여 기도에 헌신한 사람입니다.

스코틀랜드 선교자 존 웰치(John welch)는 매일 8-10시간을 기도했습니다. 또 엔드류스 감독(Andrew)은 매일 5시간을 기도했다고 합니다. 미국 백화점 설립자 워너메이커는 평소에는 1시간, 바쁠 때는 2시간, 눈코 뜰 새 없이 바쁠 때는 3시간 기도했습니다.

E. M. 바운즈는 매일 새벽 4시에 일어나 반드시 3시간씩 기도하고 하루를 시작했습니다. 그는 하나님이 하실 수 있는 모든 일을 이루는 통로가 '기도'라는 것을 그의 삶으로 똑똑히 보여 주었습니다. 기도에 관한 그의 책들은 100년 동안 엄청난 도전과 전율을 주어 수많은 그리스도인을 기도의 골방으로 뛰어들게 했습니다.

"오직 기도의 사람 외에는 어떤 사람도 위대하고 영원한 하나님의 일을 감당할 수 없다. 기도에 많은 시간을 들이지 않고는 어떤 사람도 기도의 사람이 될 수 없다."

하루 3시간 기도해야 충분히 기도합니다

오랜 시간 기도해야만 기도를 충분히 할 수 있습니다. 기도 시간이 짧으면 당장 해결해야 할 기도를 하는 것만으로도 부족합니다. 오래 기도하면 내가 간구하려던 문제뿐 아니라 주님이 시키시는 기도를 하게 됩니다.

5분 기도하는 사람은 바가지에 물을 담는 것과 같습니다. 바가지 하나 정도의 물로는 양치질을 하고 고양이 세수를 겨우 할 수 있을 뿐입니다. 30분 기도하는 사람은 욕조에 물을 받는 것과 같습니다. 욕조에 담긴 물로는 자신의 몸을 깨끗이 씻을 수 있습니다. 1시간 기도하는 사람은 자기 집 물통에 물을 채우는 것과 같습니다. 자기 가족이 사용하기에는 충분할 수 있습니다. 3시간 기도하는 사람은 아파트 물탱크에 물을 채우는 것과 같습니다. 그 사람은 아파트의 주민들에게 필요한 물을 공급해 줄 수 있습니다.

하나님을 위해 많은 일을 행하는 사람들은 기도하는 일에 많은 시간을 드렸던 사람들입니다. 기도를 많이 하지 않고는 하나님의 위대한 일을 할 수 없습니다. 기도에 많은 시간을 바치는 사람이 아니면 능력 있는 기도의 사람이 될 수 없습니다.

하루 3시간의 기도는 더 깊은 기도입니다

3시간이라는 시간은 기도를 하는 데 무척 긴 시간입니다. 보통 사람들은 30분을 넘기기가 그리 쉽지 않습니다. 30분이 지나면 6분의 1을 통과한 것입니다. 나머지 6분의 5라는 엄청난 시간이 기다리고 있습니다. 그때부터 이 시간은 그야말로 지루하고 힘든 시간이 됩니다. 몸도 여기저기 쑤시고 기도는 해야 하는데 할 말은 없고 시간도 더디 가고 이런저런 생각들이 자신을 괴롭힙니다.

꼭 이렇게 시간을 채우는 기도를 해야 하는가라는 의심이 들고, 그만두고 싶다는 생각 때문에 이런저런 구실을 찾습니다. 그리하여 기도를 중도에 포기하는 사람이 많습니다. 적당한 이유를 찾아 포기한 사람은 자신의 행동이 정당하다고 생각하고 마음을 굳힙니다. 그리고 이후의 삶에서도 어려운 문제를 만나면 적당히 타협할 구실을 찾습니다. 항상 최선을 다하기보다는 적당한 선에서 마무리 지으려는 생각으로 살아갑니다.

3시간의 기도는 그 시간 동안에 일어나는 수많은 부정적인 생각을 어떻게 처리해야 하는지를 배우는 훈련입니다. 주님과 직접 대화하고 성령의 인도를 받는 삶을 살면 의심과 흔들림은 설 자리를 잃게 됩니다.

지속적이고 깊이 있는 기도 생활의 핵심은 일정한 기도 시간을 정하고 기도하는 것입니다.

오늘의 기도

참된 구원자 되신 주님 찬양합니다. 오늘도 주님을 더 깊이 알기 원합니다. 오직 주님 한 분으로 완전하고 온전하게 하소서. 삶의 모든 영역에서 주님의 임재를 누리게 하소서. 오늘도 예배 중에 아픈 몸이 치유되게 하소서. 기도가 응답되게 하소서. 주님의 음성을 듣기를 원합니다. 모든 염려와 근심들이 떠나가게 하소서.

40장 기도 응답의 은혜

왕상 17:8-16

⁸ 여호와의 말씀이 엘리야에게 임하여 이르시되

⁹ 너는 일어나 시돈에 속한 사르밧으로 가서 거기 머물라 내가 그곳 과부에게 명령하여 네게 음식을 주게 하였느니라

¹⁰ 그가 일어나 사르밧으로 가서 성문에 이를 때에 한 과부가 그곳에서 나뭇가지를 줍는지라 이에 불러 이르되 청하건대 그릇에 물을 조금 가져다가 내가 마시게 하라

¹¹ 그가 가지러 갈 때에 엘리야가 그를 불러 이르되 청하건대 네 손의 떡 한 조각을 내게로 가져오라

¹² 그가 이르되 당신의 하나님 여호와께서 살아 계심을 두고 맹세하노니 나는 떡이 없고 다만 통에 가루 한 움큼과 병에 기름 조금 뿐이라 내가 나뭇가지 둘을 주워다가 나와 내 아들을 위하여 음식을 만들어 먹고 그 후에는 죽으리라

¹³ 엘리야가 그에게 이르되 두려워하지 말고 가서 네 말대로 하려니와 먼저 그것으로 나를 위하여 작은 떡 한 개를 만들어 내게로 가져오고 그 후에 너와 네 아들을 위하여 만들라

¹⁴ 이스라엘의 하나님 여호와의 말씀이 나 여호와가 비를 지면에 내리는 날까지 그 통의 가루가 떨어지지 아니하고 그 병의 기름이 없어지지 아니하리라 하셨느니라

¹⁵ 그가 가서 엘리야의 말대로 하였더니 그와 엘리야와 그의 식구가 여러 날 먹었으나

¹⁶ 여호와께서 엘리야를 통하여 하신 말씀 같이 통의 가루가 떨어지지 아니하고 병의 기름이 없어지지 아니하니라

40장 기도 응답의 은혜

하나님께서 엘리야에게 시돈의 사르밧으로 가라고 말씀하셨습니다. 그곳의 한 과부에게 엘리야를 돌보아 주라고 명령했다고 하십니다(왕상 17:9). 엘리야가 사르밧으로 가서 그 여인을 만났는데, 아들과 먹을 양식조차 넉넉지 않은 가난한 사람이었습니다. 엘리야는 참으로 안타까웠을 것입니다. 자신들이 먹을 양식도 모자라는 사람들에게 양식을 달라는 것이 인간적인 도리로는 할 수 있는 일이 아닙니다. 그런데 그 과부는 엘리야의 말대로 했고 하나님은 그 집을 보호하셔서 그 집에 밀가루와 기름이 마르지 않았습니다. 가능하지 않은 일들이 이루어졌습니다. 기도 응답은 전적인 하나님의 은혜입니다.

첫째, 기도할 수 있는 것 자체가 은혜입니다. 기도는 생각과 지식이 있어야 하는 것이 아니라 믿음으로 하는 것인데 믿음은 전적인 하나님의 은혜입니다. 우리가 믿음을 가진 것이 하나님의 은혜입니다. 성경은 "믿음은 들음에서 나며 들음은 그리스도의 말씀으로 말미암았느니라"(롬 10:17)고 말씀합니다. 이미 그리스도의 말씀이 우리 안에 이루어진 것입니다. 믿음은 주님의 말씀이 우리 안에 역사하신 결과입니다.

둘째, 기도 응답을 받는 것이 은혜입니다. 기도는 사람이 하지만 응답은 하나님께서 하십니다. 응답은 전적인 하나님의 은혜입니다(렘 33:3). 기도 응답은 크고 놀라운 일이며, 무엇이든지 구하면 응답받을 수 있습니다(막 11:24). 겨자씨만 한 믿음도 태산을 옮기는 능력이 됩니다(마 17:20). 우리가 구하는 것보다 크고 놀라운 일이 이루어지기 때문에 기도 응답은 은혜입니다.

엘리야가 사르밧으로 가는 것이 은혜입니다

너는 일어나 시돈에 속한 사르밧으로 가서 거기 머물라(왕상 17:9).

하나님은 엘리야를 사르밧으로 가라고 하였습니다. 사르밧은 시돈지방에 속한 마을로 아합 왕의 왕비인 이세벨의 고향입니다. 이세벨의 아버지는 시돈의 왕으로 바알을 섬기는 사람이었습니다. 이세벨을 통해 이스라엘에 바알이 들어왔고 엘리야는 그 바알과 맞서 싸우다가 몸을 피하여 다니는 중입니다. 그런데 하나님이 엘리야에게 그 사르밧으로 가라고 말씀하셨습니다. 인간적으로 절대 가고 싶지 않았을 것입니다. 그럼에도 엘리야가 사르밧으로 갈 수 있었던 것은 오직 하나님의 은혜입니다. 하나님이 엘리야의 마음을 움직여 주셨기 때문에 엘리야는 사르밧으로 갈 수 있었습니다.

그리스도인의 가장 큰 은혜는 기도의 자리에 나와 있는 것입니다. 기도해야 은혜를 받는 것이 아니라 은혜를 받았기 때문에 기도하는 것입니다.

엘리야가 여인을 만난 것이 은혜입니다

그가 일어나 사르밧으로 가서 성문에 이를 때에 한 과부가 그곳에서 나뭇가지를 줍는지라 이에 불러 이르되 청하건대 그릇에 물을 조금 가져다가 내가 마시게 하라(왕상 17:10).

엘리야가 사르밧에서 과부를 만난 것은 전적인 은혜입니다. 하나님의 은혜가 아니면 엘리야는 과부를 만날 수 없습니다.

첫째, 엘리야는 과부를 우연히 만납니다. 엘리야가 사르밧의 성문 안으로 들어설 때에 한 과부가 땔감을 줍고 있었습니다. "나뭇가지를 줍는 지라"(왕상 17:10). 전혀 계획된 만남이 아닙니다. 우연한 만남입니다. 그 만남 가운데 하나님의 은혜가 있습니다.

둘째, 엘리야는 과부를 모르고 만납니다. 성경에 "한 과부가"(왕상 17:10)라고 나옵니다. 엘리야가 그 여인이 과부인 줄을 알았을까요? 몰랐습니다. 모르고 만났지만 그 여인이 과부였습니다. 엘리야는 모르지만 하나님께서 그들을 만나게 하신 것이 은혜입니다.

셋째, 다른 목적으로 만났습니다. "물을 조금 가져다가 내가 마시게 하라"(왕상 17:10). 엘리야는 그 여인이 자신을 앞으로 돌보아 줄 사람인 줄 모르고 다만 물 한 모금 얻어 마시겠다고 불렀습니다. 엘리야가 생각한 바가 달랐음에도 하나님이 만나게 하신 것이 은혜입니다.

응답을 받은 것이 은혜입니다

그가 가서 엘리야의 말대로 하였더니 그와 엘리야와 그의 식구가 여러
날 먹었으나 여호와께서 엘리야를 통하여 하신 말씀 같이 통의 가루가
떨어지지 아니하고 병의 기름이 없어지지 아니하니라 (왕상 17:15-16).

엘리야에게 말씀하신 대로 사르밧의 과부를 만났고, 그 집의 통
의 가루가 마르지 않고 병의 기름이 마르지 않는 기적이 일어났습
니다. 엘리야가 응답을 받은 것은 두 가지 이유에서 전적인 은혜
입니다.

첫째, 엘리야는 구할 수 없는 것을 구했습니다. 엘리야는 과부
에게 먹을 것을 달라고 합니다. 그리하면 그녀의 양식이 떨어지지
않을 것이라고 했습니다. 사실 건네기 쉬운 말이 아닙니다. 선지
자로서 그 백성이 먹고 죽기로 작정한 양식을 달라고 하다니, 인
간적으로 하기 어려운 말입니다. 그러나 엘리야는 하나님께서 알
려 주신대로 과부에게 요청했습니다. 기도는 구할 수 없는 것을
구하는 것입니다.

당연히 구할 수 있는 것을 구하는 것은 권리입니다. 구할 수 없
는 것을 구하는 것은 은혜입니다. 마가복음 5장에 보면, 열두 해
동안 혈루증으로 고생하던 여인이 예수님의 옷자락을 만지자 치
유되었습니다. 왜 그녀는 치유를 부탁하지 않고 몰래 옷자락을 만
졌습니까? 자신이 피를 흘리는 부정한 병에 걸려 있었기 때문입
니다. 도저히 주님 앞에 나올 수 없어서 당당히 간구하지 못했지
만 주님께서는 전적인 은혜로 치유해 주십니다. 지금 우리도 마찬
가지입니다. 차마 기도할 수 없는 것일지라도 간구하면 주님은 은
혜로 응답하십니다. 기도는 구할 수 없는 것을 구하는 것입니다.

둘째, 받을 수 없는 복을 받았습니다. 하나님께서 응답하셔서 과

부는 통의 가루와 병의 기름이 마르지 않는 복을 받았습니다. 기도 응답은 우리 힘으로는 도저히 받을 수 없는 것을 받는 은혜요 축복입니다. 기도 응답은 전적인 하나님의 은혜입니다.

기도를 하지만 응답에 이르지 못하고 중간에 기도를 포기하는 것은 은혜의 원리를 모르기 때문입니다. 기도 응답은 사람의 능력과 방법에 근거하는 것이 아니라 한량없이 베푸시는 전적인 하나님의 은혜에 근거합니다. 오직 하나님께 맡기는 믿음이 있어야 합니다.

사람의 생각을 뛰어넘어 측량할 길 없는 사랑과 능력으로 역사하시는 주님의 은혜만이 기도 응답의 근거입니다.

오늘의 기도

기도자로 살게 하시는 주님을 찬양합니다. 이 시간 예수 그리스도의 보혈로 정결케 되었고, 그 보혈의 피로 값없이 의롭다 함을 얻었음을 고백합니다. 구원하신 그 십자가를 바라볼 때마다 마음의 큰 고통이 사라지고, 눈이 밝아 참된 진리에 눈뜨게 하소서. 영혼을 정결케 하소서. 주님의 은혜 아래 평안케 하소서.

41장 주님 안에 거하는 기도

요 15:7

⁷ 너희가 내 안에 거하고 내 말이 너희 안에 거하면 무엇이든지 원하는
   대로 구하라 그리하면 이루리라

41장 주님 안에 거하는 기도

41장

:: 영국 사람들은 홍차를 즐겨 마십니다. 홍차가 건강에 좋은 음료수라고 생각합니다. 영국 사람들이 홍차를 마시면서부터 수명이 15년 정도 더 늘어났기 때문입니다. 전혀 근거 없는 얘기는 아닙니다. 사실은 그들이 홍차를 먹기 위해서 물을 끓여 먹기 시작했기 때문입니다. 물을 끓여 먹는 것이 건강을 지켜 주었습니다. 홍차 자체보다는 안전한 물을 마신 것이 더욱 중요했습니다.

기도의 세계도 마찬가지입니다. 기도가 문제를 해결하는 능력이 된다는 것이 사실이지만 그 진정한 의미가 무엇인지를 아는 것이 중요합니다. 기도 응답이 된다고 할 때 그 진정한 힘이 무엇인지를 아는 것은 매우 유익합니다.

"너희가 내 안에 거하고 내 말이 너희 안에 거하면 무엇이든지 원하는 대로 구하라"는 말씀 속에는 기도의 전제 조건이 있습니다. 기도는 원하는 대로 구하고 그대로 이루어지는 것이라, 할 때 먼저 '너희가 내 안에 거하고 내 말이 너희 안에 거하면'이라는 전제 조건을 갖춰야 합니다. 기도는 먼저 주님과의 관계가 회복어야 합니다. 주님을 만나는 것이 기도의 핵심입니다.

기도는 하나님과의 대화입니다

영접하는 자 곧 그 이름을 믿는 자들에게는 하나님의 자녀가 되는 권세
를 주셨으니(요 1:12).

그리스도인은 하나님의 자녀입니다. 하나님은 아버지입니다.
자녀가 커 갈수록 부모와 대화하는 시간을 갖는 것이 매우 중요합
니다. 우리나라 청소년 중에 가족과 날마다 아침 식사를 하는 학
생들이 그렇지 않은 학생들보다 바르게 자란다는 통계가 발표된
적이 있습니다. 아침을 먹는 것도 중요하지만 식탁에서 서로 대화
를 많이 하면서 자연스럽게 교육적 효과를 얻는 것입니다.
  하나님을 믿고 산다고 하지만 서로 관계를 맺지 않으면 아무 소
용이 없습니다. 전화를 걸듯이 인터넷에 접속하듯이 하나님과 연
결되는 것이 기도입니다. 기도는 늘 하나님을 만나서 대화 하는
것입니다. 우리는 기도를 통해 나의 필요를 구하고 기도를 통해
하나님의 뜻을 깨닫습니다.

기도는 하나님 앞으로 가까이 나아가는 것입니다

하나님을 가까이 하라 그리하면 너희를 가까이하시리라(약 4:8).

기도는 하나님과의 대화입니다. 대화라고 해서 모두 훌륭한 대

화는 아닙니다.

첫째, 서로 대화를 하더라도 소통이 안 되는 대화가 있습니다. 분명 서로 대화를 하는데 서로의 뜻은 전달이 안 됩니다. 서로 상대방을 존중하지 않기 때문입니다.

둘째, 대화를 하는데 솔직하게 말하지 못하는 대화가 있습니다. 속 깊은 얘기를 못하고 그냥 의례적인 이야기만 하다 그치는 대화입니다. 대화 수준이 여기에 그치는 이유는 상대방과의 관계가 깊지 못해서입니다. 서로를 신뢰하고 친밀할 때 더 깊게 대화할 수 있는 법입니다.

하나님께 드리는 기도도 마찬가지입니다. 하나님과의 대화인 기도가 더 깊어지기 위해서는 하나님을 자주 만나야 합니다. 하나님 앞에 더 가까이 가야 합니다. 기도의 자리는 하나님을 만나는 자리이고 하나님께 더 가까이 가는 자리입니다.

주님은 눈에 보이는 육적인 존재가 아니라 영적인 존재입니다. 육적인 존재는 어떤 공간에 머물지만 주님은 그렇지 않으십니다. 우리가 어디를 가야 만날 수 있는 분이 아니라 어느 자리에서든 기도할 때 만날 수 있습니다. 기도하면 주님께 더 가까워집니다. 기도하면 주님과 더욱 친밀해집니다.

기도는 주님을 내 안에 모시는 것입니다

볼지어다 내가 문 밖에 서서 두드리노니 누구든지 내 음성을 듣고 문을 열면 내가 그에게로 들어가 그와 더불어 먹고 그는 나와 더불어 먹으리라 (계 3:20).

주님은 늘 우리 안에 들어오고 싶어 하십니다. 주님이 어떻게 우리 안에 들어오실 수 있을까요? 주님을 내 안에 모신다는 것은 영적인 만남을 말합니다. 영적으로 주님과 교제하는 것을 말합니다. 기도할 때 주님을 내 안에 모셔 들이는 것입니다. 주님이 내 안에 계신 증거 가운데 하나는 주님의 음성이 들리는 것입니다. 주님의 인도하심을 경험하는 것입니다.

위대한 하나님의 사람들을 보면 하나같이 기도에 전념했던 사람들입니다. 모세는 40년 동안 광야에서 늘 기도로 인도받았습니다. 다니엘은 사자굴 속에 들어갈지라도 기도했습니다. 에스더는 '죽으면 죽으리라'는 각오로 기도했습니다. 다윗도 모든 일을 하나님께 먼저 기도하고 시작했습니다. 앞서 말했듯이, 애굽의 속박에서 이스라엘을 구원하신 하나님의 역사는 모세의 기도에서 시작되었습니다. 에스더의 목숨을 건 기도는 나라를 구원하였습니다. 초대교회는 사도들의 기도에서 시작되었습니다.

하나님의 사람은 오직 기도를 통해서만 하나님을 만납니다. 우리가 하나님을 만나지 못하는 것은 하나님께서 우리 안에 가까이 계시지 않아서가 아니라, 하나님이 우리 안에 임재하신다는 것을 깨닫지 못하기 때문입니다. 기도하지 않는다면 하나님을 발견할 수 없습니다.

오늘의 기도

보혈의 공로로 저를 빛 가운데로 인도해 주신 주님을 찬양합니다. 제 안에 진리의 빛을 밝혀 주소서. 거친 파도와 같은 삶 속에 저를 홀로 두지 마시고, 파도 위를 걷는 주님의 손을 잡게 하소서. 옛 습관과 권태로움으로 낡은 나의 지팡이가 하나님의 지팡이가 되게 하소서. 거룩한 영광의 하나님만을 바라보게 하소서.

42장 성령 충만한 기도

행 2:1-4

¹ 오순절 날이 이미 이르매 그들이 다 같이 한 곳에 모였더니

² 홀연히 하늘로부터 급하고 강한 바람 같은 소리가 있어 그들이 앉은 온 집에 가득하며

³ 마치 불의 혀처럼 갈라지는 것들이 그들에게 보여 각 사람 위에 하나씩 임하여 있더니

⁴ 그들이 다 성령의 충만함을 받고 성령이 말하게 하심을 따라 다른 언어들로 말하기를 시작하니라

성령 충만한 기도

::   예수님께서 승천하신 후 마가의 다락방에 모인 제자들이 마음을 다하여 기도할 때 성령을 충만하게 받았습니다. 사도 바울은 "누구든지 그리스도의 영이 없으면 그리스도의 사람이 아니라"고 했습니다(롬 8:9). 그리스도인은 늘 성령의 충만함을 입어야 합니다. 성령이 충만할 때 능력 있는 사람이 됩니다. 그리스도인의 권능은 '성령 충만'입니다.

하나님의 권능과 뜻대로 이루려고 예정하신 그것을 행하려고 이 성에 모였나이다 주여 이제도 그들의 위협함을 굽어보시옵고 또 종들로 하여금 담대히 하나님의 말씀을 전하게 하여 주시오며 손을 내밀어 병을 낫게 하시옵고 표적과 기사가 거룩한 종 예수의 이름으로 이루어지게 하옵소서 하더라 빌기를 다하매 모인 곳이 진동하더니 무리가 다 성령이 충만하여 담대히 하나님의 말씀을 전하니라(행 4:28-31).

형제들아 너희 가운데서 성령과 지혜가 충만하여 칭찬 받는 사람 일곱을 택하라 우리가 이 일을 그들에게 맡기고 우리는 오로지 기도하는 일과 말씀 사역에 힘쓰리라 하니 온 무리가 이 말을 기뻐하여 믿음과 성령이 충만한 사람 스데반과 또 빌립과 브로고로와 니가노르와 디몬과 바메나와 유대교에 입교했던 안디옥 사람 니골라를 택하여 사도들 앞에 세우니 사도들이 기도하고 그들에게 안수하니라 하나님의 말씀이 점점 왕성하여 예루살렘에 있는 제자의 수가 더 심히 많아지고 허다한 제사장의 무리도 이 도에 복종하니라(행 6:3-7).

아나니아가 떠나 그 집에 들어가서 그에게 안수하여 이르되 형제 사울아 주 곧 네가 오는 길에서 나타나셨던 예수께서 나를 보내어 너로 다시보게 하시고 성령으로 충만하게 하신다 하니 즉시 사울의 눈에서 비늘 같은 것이 벗어져 다시 보게 된지라 일어나 세례를 받고 음식을 먹으매 강건하여지니라(행 9:17-19).

성령이 충만하면 주님의 일에 순종할 수 있습니다

성령이 충만하면 주님의 일에 순종할 수 있습니다. 빌립은 가사의 광야 길로 내려가라는 성령의 음성을 듣고 순종했습니다. 그곳에서 그는 에디오피아의 내시를 만나 복음을 전하게 됩니다. 구원받은 내시를 통해 복음은 아프리카로 전파됩니다.

성령이 빌립더러 이르시되 이 수레로 가까이 나아가라 하시거늘 빌립이 달려가서 선지자 이사야의 글 읽는 것을 듣고 말하되 읽는 것을 깨닫느냐 대답하되 지도해 주는 사람이 없으니 어찌 깨달을 수 있느냐 하고 빌립을 청하여 수레에 올라 같이 앉으라 하니라(행 8:29-31).

베드로 역시 성령의 말씀을 듣고 순종하여 가이사랴로 갔습니다. 그곳에서 복음을 전하여 이방인에게도 성령이 임하게 되었습니다.

> 베드로가 그 환상에 대하여 생각할 때에 성령께서 그에게 말씀하시되
> 두 사람이 너를 찾으니 일어나 내려가 의심하지 말고 함께 가라 내가 그
> 들을 보내었느니라 하시니(행 10:19-20).

바울은 성령이 아시아와 비두니아로 가는 길을 허락하지 않아서 빌립보로 가서 복음을 전했습니다. 바울의 순종 덕분에 빌립보에서부터 유럽으로 복음이 전파되어 땅끝까지 증인이 되리라는 사도행전 1장 8절의 말씀이 이루어집니다.

> 성령이 아시아에서 말씀을 전하지 못하게 하시거늘 그들이 브루기아와
> 갈라디아 땅으로 다녀가 무시아 앞에 이르러 비두니아로 가고자 애쓰되
> 예수의 영이 허락하지 아니하시는지라(행 16:6-7).

성령이 충만하면 더욱 적극적으로 기도하게 됩니다. 소극적인 기도가 적극적인 결과를 맺을 수 없습니다.

어떤 사람들은 기도를 '머리의 동의' 정도로만 받아들입니다. 이는 말씀을 입술로만 찬양하는 것과 같습니다. 기도하지 않으면, 아니 적극적으로 응답을 기대하며 기도하지 않으면, 하나님의 응답이 와도 전혀 모를 것입니다. 하나님의 말씀을 믿는다고 아무리 고백할지라도 행함이 없다면 그 믿음은 죽은 것과 같습니다.

응답 받는 기도는 핑계나 합리적인 해석으로 보충될 수 있는 것이 아닙니다. 예수님 역시 기도에 힘쓰셨습니다. 성경은 "예수께서 힘쓰고 애써 더욱 간절히 기도하시니 땀이 땅에 떨어지는 피방울같이 되더라"(눅 22:44)고 기록하고 있습니다. 예수처럼 우리의 기도도 적극적으로 변화할 때 하나님의 역사를 볼 것입니다.

성령이 충만하면 악한 영을 이기게 됩니다

우리가 기도하는 곳에 가다가 점치는 귀신 들린 여종 하나를 만나니 점으로 그 주인들에게 큰 이익을 주는 자라 그가 바울과 우리를 따라와 소리 질러 이르되 이 사람들은 지극히 높은 하나님의 종으로서 구원의 길을 너희에게 전하는 자라 하며 이같이 여러 날을 하는지라 바울이 심히 괴로워하여 돌이켜 그 귀신에게 이르되 예수 그리스도의 이름으로 내가 네게 명하노니 그에게서 나오라 하니 귀신이 즉시 나오니라(행 16:16-18).

일반 종교에서 말하는 기도와 주님의 영으로 드리는 기도는 완전히 다릅니다. 일반 종교는 기도를 통해 자신의 내면을 고요히 합니다. 더 깊은 내면으로 들어간다고 말합니다. 그러나 정확하게 말하면 내 안으로 더 깊이 들어가는 것이 아니라 세상의 영들이 우리 안에 들어오는 것입니다.

성령으로 충만해야 세상의 악한 영들을 이길 수 있습니다. 사람은 영적인 존재입니다. 그래서 영적인 영향에 민감합니다. 영적으로 연약하면 낯선 것들에 대해 두려워합니다. 영적으로 점점 자라면 그런 영향력을 조금씩 이기게 됩니다. 성령으로 충만해야 악한 영을 이기고 성령의 음성을 듣고 순종할 수 있습니다.

손목시계는 늘 똑같은 소리를 내면서 돌아갑니다. 그런데 분주한 대낮에는 그 시계 소리가 잘 들리지 않습니다. 외부에서 들려오는 세상의 소리가 훨씬 더 크기 때문입니다. 그러나 조용한 밤이 되면 시계 소리가 크게 들립니다. 우리 안에 들어와 계신 성령의 소리도 이와 같습니다. 내 안의 소리가 잠잠해야 비로소 성령의 소리가 크게 들립니다.

성령이 충만하면 주님의 능력이 나타납니다

두 해 동안 이같이 하니 아시아에 사는 자는 유대인이나 헬라인이나 다 주의 말씀을 듣더라 하나님이 바울의 손으로 놀라운 능력을 행하게 하시니 심지어 사람들이 바울의 몸에서 손수건이나 앞치마를 가져다가 병든 사람에게 얹으면 그 병이 떠나고 악귀도 나가더라 (행 19:10-12).

성령이 충만한 곳에 주님의 능력도 많이 나타납니다. 여러 교회에서 똑같이 집회를 인도해도 성령의 역사는 교회들마다 다릅니다. 똑같은 말씀을 전하는데도 집회 결과가 교회들마다 다릅니다.

어떤 교회에서는 병 고침과 성령의 은사가 충만하게 나타납니다. 그러나 어떤 교회는 그저 말씀을 듣는 것에 그치고 맙니다. 집회 중에 더 많이 기도하고 열심히 부르짖는 교회는 성령의 역사가 더 많이 나타납니다.

운동 경기를 하더라도, 열심히 뛰고 달리며 최선을 다하는 팀이 승리할 확률이 높은 것과 똑같은 이치입니다. 기도를 많이 하고 성령의 역사가 충만한 교회는 반드시 역사가 많이 일어납니다.

똑같이 기도를 하더라도 더 적극적이고 간절히 기도하는 사람에게 능력이 나타납니다. 특별히 방언 기도를 많이 해야 하는 이유가 분명히 있습니다. 방언 기도를 많이 하면 성령의 능력이 많이 나타납니다. 여기에는 분명한 이유가 있습니다. 사람의 의식은 언어를 따라 발달합니다. 언어가 자라면 의식이 깊어집니다. 영적인 세계도 마찬가지입니다. 영적인 언어가 기도입니다. 기도가 깊어지면 영적인 의식이 깊어지고 영적인 능력도 많아집니다.

오늘의 기도

아름다운 계절을 주신 주님을 찬양합니다. 주님의 귀한 복을 소중하게 사용할 수 있게 하소서. 재미있는 일과 기쁜 일, 즐거운 일과 바른 일을 구별하게 하소서. 강할 때 낮추시고, 약할 때 붙드소서. 오만할 때 겸손하게 하시고 부족할 때 비굴하지 않게 하소서. 제 자신을 잃어버리고 흔들릴 때 진리의 불을 밝혀 주소서.

43장 육적인 본성을 이기는 기도

삼상 16:1-7

1 여호와께서 사무엘에게 이르시되 내가 이미 사울을 버려 이스라엘 왕
  이 되지 못하게 하였거늘 네가 그를 위하여 언제까지 슬퍼하겠느냐 너
  는 뿔에 기름을 채워 가지고 가라 내가 너를 베들레헴 사람 이새에게로
  보내리니 이는 내가 그의 아들 중에서 한 왕을 보았느니라 하시는지라

2 사무엘이 이르되 내가 어찌 갈 수 있으리이까 사울이 들으면 나를 죽
  이리이다 하니 여호와께서 이르시되 너는 암송아지를 끌고 가서 말하
  기를 내가 여호와께 제사를 드리러 왔다 하고

3 이새를 제사에 청하라 내가 네게 행할 일을 가르치리니 내가 네게 알
  게 하는 자에게 나를 위하여 기름을 부을지니라

4 사무엘이 여호와의 말씀대로 행하여 베들레헴에 이르매 성읍 장로들
  이 떨며 그를 영접하여 이르되 평강을 위하여 오시나이까

5 이르되 평강을 위함이니라 내가 여호와께 제사하러 왔으니 스스로 성
  결하게 하고 와서 나와 함께 제사하자 하고 이새와 그의 아들들을 성
  결하게 하고 제사에 청하니라

6 그들이 오매 사무엘이 엘리압을 보고 마음에 이르기를 여호와의 기름
  부으실 자가 과연 주님 앞에 있도다 하였더니

7 여호와께서 사무엘에게 이르시되 그의 용모와 키를 보지 말라 내가
  이미 그를 버렸노라 내가 보는 것은 사람과 같지 아니하니 사람은 외
  모를 보거니와 나 여호와는 중심을 보느니라 하시더라

43장 육적인 본성을 이기는 기도

::   사무엘은 사울을 왕으로 세웠지만 곧 후회합니다. 어느 날 하나님이 새로운 왕을 이미 정하여 두었으니 그 사람에게 기름을 부어 왕으로 세우라고 하십니다. 사무엘은 사울로 인하여 눈물로 기도하였고 하나님은 놀라운 방법으로 응답하셨습니다.

이새 아들 중에 왕을 택하여 기름 붓는 장면은 언제 봐도 놀랍습니다. 사무엘의 생각이나 아버지 이새의 생각대로 된 것이 전혀 없습니다. 오직 하나님의 뜻대로 다윗이 기름 부음을 받습니다. 하나님의 뜻은 인간적인 생각과 전혀 달랐습니다. 기도하지 않을 수 없는 이유입니다. 기도해야지만 육적인 본능을 이기고 하나님의 인도를 받을 수 있습니다.

기도를 하면 우리 안에 있는 내적인 감각이 살아납니다. 인간은 결심하고 각오했다고 해서 육의 본능을 이기며 살 수 없는 존재입니다. 그 안에 영적인 능력이 살아나야 합니다. 기도를 하면 점점 하나님의 임재에 대해 예민해지고 주님을 사모하게 됩니다. 기도하면 반드시 주님을 경험하게 되기 때문입니다.

하나님의 음성을 들어야 합니다

여호와께서 사무엘에게 이르시되 내가 이미 사울을 버려 이스라엘 왕이 되지 못하게 하였거늘 네가 그를 위하여 언제까지 슬퍼하겠느냐 너는 뿔에 기름을 채워 가지고 가라 내가 너를 베들레헴 사람 이새에게로 보내리니 이는 내가 그의 아들 중에서 한 왕을 보았느니라 하시는지라(삼상 16:1).

하나님께서는 사무엘에게 사울 때문에 더 이상 괴로워하지 말라고 말씀하십니다. 그동안 사무엘은 사울 때문에 잠을 잘 수가 없었습니다. 왕이 하나님 앞에 바르게 서지 못하면 곧 나라가 어려움에 빠질 수밖에 없습니다. 다른 사람이면 왕에게 건의를 해서 바꿀 수가 있겠지만 왕은 누가 어떻게 할 수 있겠습니까?

그러나 놀랍게도 하나님께서 왕을 바꾸겠다고 하십니다. 사울을 내가 버렸으니 더 이상 사울 때문에 괴로워하지 말라고 하십니다. 중요한 것은 사울의 불의함이 아닙니다. 사무엘이 하나님의 말씀을 들어야 하는 것입니다. 자신을 괴롭게 하는 일보다 하나님이 하시는 일을 보아야 합니다. 하나님은 오늘도 말씀하시는 분입니다. 기도 응답은 먼저 하나님의 말씀을 들어야 합니다.

하나님께서 이미 왕을 정해 놓았습니다

내가 너를 베들레헴 사람 이새에게로 보내리니 이는 내가 그의 아들 중에서 한 왕을 보았느니라 하시는지라(삼상 16:1).

사무엘이 사울 왕 때문에 괴로워할 때도 하나님은 이미 새로운 왕을 정해 놓았습니다. 하나님은 우리의 생각 너머에서 일하시는 분입니다. 기도하는 사람은 사람에 대한 일들을 잘 알아야 하는 것이 아니라 하나님을 잘 알아야 합니다. 하나님 안에 길이 있습니다. 사람은 본성적으로 육적인 존재이기 때문에 생각의 지배를 받습니다. 그러나 하나님은 고통스러운 시간 속에서도 새일을 행하십니다. 성경에 이미 하나님이 정해 놓으신 일들이 많이 있습니다.

열왕기상 17장에서 엘리야가 숨을 곳이 없어 염려할 때에 하나님은 사르밧의 과부에게 명령하여 두었다고 하셨습니다. 예수님이 제자들에게 나귀를 끌고 오라고 할 때도 이미 정하여 두었다고 하셨습니다. 사도행전 16장에서도, 바울이 아시아로 가고자 하고 비두니아로 가고자 할 때 주님은 마게도냐로 가는 것을 정하여 두셨습니다. 하나님의 사람들은 하나님의 계획을 이루어 가는 사람들입니다.

새로운 왕을 정해 두셨다는 하나님 말씀을 듣고 사무엘은 우선 걱정이 되었을 것입니다. 사울이 왕으로 있는데 어떻게 다른 왕을 세울 수 있겠느냐고 되묻습니다. 하나님은 구체적으로 어떻게 해야 할지 말씀해 주십니다. 제사를 드리러 왔다고 말하고 다윗의 아버지 이새를 초청하라고 하셨습니다. 그리고 왕이 될 사람을 거기서 일러 주겠다고 하셨습니다. 하나님은 응답을 미리 정하여 두셨기 때문에 우리는 늘 하나님의 말씀에 귀 기울여야 합니다. 늘 기도해야 합니다.

하나님의 말씀을 따라야 합니다

그들이 오매 사무엘이 엘리압을 보고 마음에 이르기를 여호와의 기름 부으실 자가 과연 주님 앞에 있도다 하였더니 여호와께서 사무엘에게 이르시되 그의 용모와 키를 보지 말라 내가 이미 그를 버렸노라 내가 보는 것은 사람과 같지 아니하니 사람은 외모를 보거니와 나 여호와는 중심을 보느니라 하시더라(삼상 16:6-7).

하나님의 뜻을 따라갈 때조차 우리 자신의 생각이나 마음을 따르기가 쉽습니다. 사무엘은 이새의 집에 갔을 때 형제 중에 제일 맏이 엘리압을 보고 첫눈에 그를 왕이라고 생각했습니다. 그런데 하나님은 그의 겉모습만을 보고 판단하지 말라고 하십니다. 그렇게 일곱 형제가 그들 앞을 다 지나갔지만 하나님은 말씀하지 않으셨습니다. 그 시간에 막내아들 다윗은 아직 어려서 들에서 양을 돌보고 있었던 것입니다.

사람의 가능성과 하나님의 뜻은 다릅니다. 인간적으로는 어린 다윗보다 형들이 왕이 될 가능성이 높습니다. 그러나 하나님의 일은 인간의 가능성으로 이루어지는 것이 아닙니다. 오직 하나님의 뜻대로 이루어집니다.

오늘의 기도
기도의 거룩한 갈망을 주신 주님을 찬양합니다. 기도처가 성령의 발전소임을 고백합니다. 사도행전의 부흥을 소망하면서 기도로 성령의 임재 가운데 들어가 성령의 충만함을 누리게 하소서. 영적인 권능을 누리게 하소서. 기업들이 하늘의 복을 입게 하시고 자녀들이 믿음의 복을 받게 하시고 날마다 기적이 상식이 되게 하소서.

44장 성령 안에서 기도하라

엡 6:18

18 모든 기도와 간구를 하되 항상 성령 안에서 기도하고 이를 위하여 깨어 구하기를 항상 힘쓰며 여러 성도를 위하여 구하라

44장 성령 안에서 기도하라

:: 　　　　　하나님께서는 모든 자녀에게 생명이 되도록 성령을 주셨습니다. 우리 안에 성령께서 거하시되 별개의 존재로 거하시는 것이 아니라 생명으로 거하십니다. 성령은 생명이 유지되고 힘을 얻는 능력이며 에너지입니다. 성령께서는 모든 일을 행하실 수 있고 또 행하실 것입니다. 성령을 알지 못하거나 성령께 순종하지 않는다면 복되신 성령께서 일하실 수 없습니다. 성령의 인도하심에 순종할 때 비로소 성령께서 하나님이 기뻐하시는 모든 일을 행하실 것입니다.

　성령은 은총과 간구의 영입니다. 기도란 성령으로 호흡하는 것입니다. 기도를 하는 것은 이미 성령이 역사하신 현상이고 나타남입니다. 기도는 성령이 일하고 계심을 보여 주는 표시입니다. 기도하는 사람은 반드시 성령의 인도하심을 간구해야 합니다. 성령의 충만하심 가운데 머물러야 합니다. 기도의 실패는 성령이 소멸할 때입니다.

성령께서 우리 안에 거하신다는 것을 믿어야 합니다

그 부친 사가랴가 성령의 충만함을 받아 예언하여 이르되(눅 1:67).

이에 베드로가 성령이 충만하여 이르되 백성의 관리들과 장로들아(행 4:8).

형제들아 너희 가운데서 성령과 지혜가 충만하여 칭찬 받는 사람 일곱을 택하라 우리가 이 일을 그들에게 맡기고(행 6:3).

스데반이 성령 충만하여 하늘을 우러러 주목하여 하나님의 영광과 및 예수께서 하나님 우편에 서신 것을 보고(행 7:55).

그러므로 내가 너희에게 알리노니 하나님의 영으로 말하는 자는 누구든지 예수를 저주할 자라 하지 아니하고 또 성령으로 아니하고는 누구든지 예수를 주시라 할 수 없느니라(고전 12:3).

복음의 비밀을 알고 구원을 받은 것은 성령께서 알게 하여 주셨기 때문입니다. 성령이 이미 내주하신다는 사실을 믿는 사람은 어떤 기도 제목을 가지고 기도하더라도 이미 그 기도가 가장 선하게 응답될 것을 믿음으로 받아들입니다. 우리는 성령께서 우리 안에 거하신다는 것을 믿어야 합니다.

성령을 근심하지 않게 해야 합니다

하나님의 성령을 근심하게 하지 말라 그 안에서 너희가 구원의 날까지 인치심을 받았느니라(엡 4:30).

내주하시는 성령을 슬프게 하면 그리스도와 연합을 이룰 수 없습니다. 성령을 근심하게 하면 기도는 무력해집니다. 성령을 근심하게 하면 기도가 무력해지는 이유는 두 가지입니다.

첫째, 성령이 역사하지 않기 때문입니다. 성령이 근심하면 성령이 점점 소멸하고 맙니다. 사용하지 않는 우물이 말라 가듯이 성령이 근심하면 성령의 능력이 사라집니다.

둘째, 기도자가 영적인 침체를 겪기 때문입니다. 그리스도인이 성령을 근심하게 하면 먼저 그리스도인의 영혼도 침체에 빠집니다. 영적인 침체에 빠지면 기도의 영권을 빼앗깁니다. 스스로 성령을 피하게 됩니다. 아담과 하와가 하나님을 근심케 하고 숨었던 것을 생각하면 잘 이해할 수 있습니다.

성령 충만을 받아야 합니다

오직 성령이 너희에게 임하시면 너희가 권능을 받고 예루살렘과 온 유대와 사마리아와 땅끝까지 이르러 내 증인이 되리라 하시니라(행 1:8).
오직 성령으로 충만함을 받으라(엡 5:18).

건강한 기도 생활은 오직 성령 충만해야만 가능합니다. 성령 충만은 성령에 전적으로 순종하고 성령님께 붙들리고 성령의 통제를 받는 것을 말합니다. 기도에 실패하는 것은 성령께서 생명이 되심을 받아들이지 않았기 때문입니다.

성령이 충만하다는 것은 전적으로 주님께 내어 드리는 것을 말합니다. 먼저 본성을 비워야만 성령의 충만을 입을 수 있습니다. 빈 그릇을 준비해야 기름을 채웁니다. 그릇을 빌려서라도 빈 그릇을 준비하듯이, 나의 의지가 부족하면 남의 의지를 빌려서라도 자신의 본성을 내려놓아야 합니다.

이는 그로 말미암아 우리 둘이 한 성령 안에서 아버지께 나아감을 얻게

하려 하심이라(엡 2:18).

이방인이나 유대인이나 모두가 하나님 앞으로 나아갈 수 있는

것은 오직 성령으로 말미암는다는 말입니다. 원래 하나님 앞에는

유대인만 나아갈 수 있었습니다. 그런데 이방인들도 나아갈 수 있

는 것은 오직 성령의 역사입니다. 이방인이 하나님 앞에 나아가는

그 불가능함을 오직 성령으로 해결하신 것입니다.

성도의 기도는 오직 성령의 충만함으로 승리합니다.

오늘의 기도

'내가 천국 열쇠를 네게 주리
니 네가 땅에서 무엇이든지 매
면 하늘에서도 매일 것이요 네
가 땅에서 무엇이든지 풀면 하
늘에서도 풀리리라'(마 16:19)
는 말씀을 믿습니다. 기도할
수 있는 믿음을 주신 주님을
찬양합니다. 새로운 영을 부으
소서. 더 큰 믿음을 갖게 하시
고 믿음을 축복하소서. 믿음대
로 고백하고 행하게 하소서.

성령의 권능이 임하는 기도

삼상 19:18-24

18 다윗이 도피하여 라마로 가서 사무엘에게로 나아가서 사울이 자기에게 행한 일을 다 전하였고 다윗과 사무엘이 나욧으로 가서 살았더라

19 어떤 사람이 사울에게 전하여 이르되 다윗이 라마 나욧에 있더이다 하매

20 사울이 다윗을 잡으러 전령들을 보냈더니 그들이 선지자 무리가 예언하는 것과 사무엘이 그들의 수령으로 선 것을 볼 때에 하나님의 영이 사울의 전령들에게 임하매 그들도 예언을 한지라

21 어떤 사람이 그것을 사울에게 알리매 사울이 다른 전령들을 보냈더니 그들도 예언을 했으므로 사울이 세 번째 다시 전령들을 보냈더니 그들도 예언을 한지라

22 이에 사울도 라마로 가서 세구에 있는 큰 우물에 도착하여 물어 이르되 사무엘과 다윗이 어디 있느냐 어떤 사람이 이르되 라마 나욧에 있나이다

23 사울이 라마 나욧으로 가니라 하나님의 영이 그에게도 임하시니 그가 라마 나욧에 이르기까지 걸어가며 예언을 하였으며

24 그가 또 그의 옷을 벗고 사무엘 앞에서 예언을 하며 하루 밤낮을 벗은 몸으로 누웠더라 그러므로 속담에 이르기를 사울도 선지자 중에 있느냐 하니라

성령의 권능이
임하는 기도

::   그리스도인은 성령 충만해야 합니다. 사
람이 영으로 사는 일에 가장 큰 걸림돌은 육적인 본성입니다. 육
적인 본성을 이기는 길은 오직 성령 충만뿐입니다.

하나님의 뜻을 저버린 사울은 다윗에 대한 시기심과 미움에 사
로잡혔습니다. 마침내 다윗을 잡기 위해 라마 나욧으로 전령을 보
냅니다. 그런데 전령들도 선지자 무리에 속하여 하나님의 영이 임
하여 예언을 합니다.

> 사울이 다윗을 잡으러 전령들을 보냈더니 그들이 선지자 무리가 예언
> 하는 것과 사무엘이 그들의 수령으로 선 것을 볼 때에 하나님의 영이 사
> 울의 전령들에게 임하매 그들도 예언을 한지라 어떤 사람이 그것을 사
> 울에게 알리매 사울이 다른 전령들을 보냈더니 그들도 예언을 했으므
> 로 사울이 세 번째 다시 전령들을 보냈더니 그들도 예언을 한지라(삼상
> 19:20-21).

사울은 또 다시 다른 전령들을 보냈지만 그들도 예언을 합니다.

세 번째로 전령들을 보냈는데 그들도 예언을 합니다.

사울이 라마 나욧으로 가니라 하나님의 영이 그에게도 임하시니 그가
라마 나욧에 이르기까지 걸어가며 예언을 하였으며 그가 또 그의 옷
을 벗고 사무엘 앞에서 예언을 하며 하루 밤낮을 벗은 몸으로 누웠더
라 그러므로 속담에 이르기를 사울도 선지자 중에 있느냐 하니라 (삼상
19:23-24).

이제는 사울이 직접 갔습니다. 그러나 사울에게도 성령이 임하
여 예언하고 하루를 벗은 몸으로 누워 있었습니다. 성령의 권능은
아무도 이기지 못합니다.

성령은 모든 사람에게 동일하게 역사합니다

사울이 다윗을 잡으러 전령들을 보냈더니 그들이 선지자 무리가 예언하
는 것과 사무엘이 그들의 수령으로 선 것을 볼 때에 하나님의 영이 사울
의 전령들에게 임하매 그들도 예언을 한지라 (삼상 19:20).

선지자 무리들은 성령 충만했습니다. 그들이 거하는 라마 나욧
에 사는 사람은 누구나 성령이 임하였습니다. 다윗에게도 임하였
습니다. 전혀 상관없을 것만 같은 사울의 전령들에게도 임하였습
니다. 그리고 사울에게도 임하였습니다.

성령은 사람의 혼을 지배합니다

어떤 사람이 그것을 사울에게 알리매 사울이 다른 전령들을 보냈더니
그들도 예언을 했으므로 사울이 세 번째 다시 전령들을 보냈더니 그들
도 예언을 한지라(삼상 19:21).

성령의 임재 앞에서는 아무도 힘을 쓰지 못합니다. 사울의 전령
들은 다윗을 잡으려는 마음으로 갔는데, 아무 힘도 쓰지 못하고
성령에 사로잡히고 맙니다. 사울 본인은 더욱더 정신을 차리고 다
윗을 잡기 위해 갔을 것입니다. 그러나 사울에게도 동일하게 성령
이 임하였습니다. 성령의 임재 앞에서는 사람의 의지나 본성은 아
무 힘을 발휘하지 못합니다.

성령은 영으로 예언하게 합니다

그가 또 그의 옷을 벗고 사무엘 앞에서 예언을 하며 하루 밤낮을 벗은 몸
으로 누웠더라 그러므로 속담에 이르기를 사울도 선지자 중에 있느냐
하니라(삼상 19:24).

예언은 하나님의 뜻을 대신 알리는 것입니다. 성령이 충만하면
하나님의 뜻을 깨닫게 됩니다.
하나님의 뜻을 알지 못한다면 성령 충만을 위해 기도하십시오.
인간의 연약함을 이기고 하나님의 인도하심에 순종하는 길은 오
직 성령 충만뿐입니다.

46장 **성령의 임재**

겔 47:1-5

¹ 그가 나를 데리고 성전 문에 이르시니 성전의 앞면이 동쪽을 향하였
는데 그 문지방 밑에서 물이 나와 동쪽으로 흐르다가 성전 오른쪽 제
단 남쪽으로 흘러내리더라

² 그가 또 나를 데리고 북문으로 나가서 바깥 길로 꺾여 동쪽을 향한 바
깥 문에 이르시기로 본즉 물이 그 오른쪽에서 스며 나오더라

³ 그 사람이 손에 줄을 잡고 동쪽으로 나아가며 천 척을 측량한 후에 내
게 그 물을 건너게 하시니 물이 발목에 오르더니

⁴ 다시 천 척을 측량하고 내게 물을 건너게 하시니 물이 무릎에 오르고
다시 천 척을 측량하고 내게 물을 건너게 하시니 물이 허리에 오르고

⁵ 다시 천 척을 측량하시니 물이 내가 건너지 못할 강이 된지라 그 물이
가득하여 헤엄칠 만한 물이요 사람이 능히 건너지 못할 강이더라

성령의 임재

:: 　　　　　기도에는 육으로 기도하는 것과 성령으로 기도하는 것이 있습니다. 대부분 사람들이 오래 기도하는 것을 힘들어 하는 이유는 기도를 육적인 노력으로 하기 때문입니다. 기도하는 많은 이들이 스스로 기도하려고 노력하다가 실패합니다.

기도는 성령의 파도를 타는 것입니다. 영적으로 기도하는 사람은 성령의 파도를 탑니다. 영적으로 기도하는 사람이 되어야 합니다. 육적인 기도는 사람의 의지와 뜻으로 구하기 때문에 힘이 듭니다. 영적인 기도는 성령의 주권을 따르기 때문에 기도 시간이 늘어나는 만큼 더 깊은 기도의 세계로 들어갈 수 있습니다. 육적인 기도는 기도를 시작하는 것이 힘이 들지만 영적인 기도는 기도를 멈추는 것이 힘이 듭니다. 육적인 기도는 30분을 버티기도 힘들지만 영적인 기도는 3시간을 하고도 멈추기가 어렵습니다.

에스겔 선지자가 환상을 보았습니다. 그가 예루살렘 성전으로 들어가자 동쪽 문에서 물이 솟아 나오고 있었습니다. 천사가 그에게 "물을 건너라"고 했습니다. 물이 발목까지 올라왔습니다. 그가 조금 더 가서 물을 건너니 물이 무릎까지 올라왔습니다. 조금 더 가서 다시 "물을 건너라"고 했습니다. 물이 허리까지 올라왔습니다. 다시 조금 더 가서 보니 물이 강이 되었습니다. 더 이상 걸을 수가 없어서 헤엄을 치며 건너야 했습니다.

이는 하나님께서 앞으로 이스라엘을 통해 이루실 여러 가지 일들 가운데 성전에서 일어날 일을 보여 주신 것입니다.

성전에서 흘러나오는 물은 성령을 말합니다. 이 성령의 물이 흘러가는 곳마다 생명의 역사가 일어날 것을 알려 줍니다. 예수님께서도 사도행전 1장에서 성령이 임하면 권능을 받고 땅끝까지 역사가 나타난다고 말씀하셨습니다.

에스겔이 본 환상은 성령의 역사가 나타나는 과정을 보여 줍니다. 성령의 역사는 점점 그 수준이 깊어집니다. 처음에 발목까지 차오른 것은 성령에 대한 체험 수준을 말합니다. 무릎까지 차오르고 또 다시 허리까지 물이 차오르는 것은 각자가 경험하는 영적 수준을 말합니다. 성령을 경험하더라도 그 깊이가 사람에 따라 다르다는 의미입니다.

에스겔은 환상을 통해서 보았습니다

우리가 사로잡힌 지 스물다섯째 해, 성이 함락된 후 열넷째 해 첫째 달 열째 날에 곧 그날에 여호와의 권능이 내게 임하여 나를 데리고 이스라엘 땅으로 가시되 하나님의 이상 중에 나를 데리고 이스라엘 땅에 이르러 나를 매우 높은 산 위에 내려놓으시는데 거기에서 남으로 향하여 성읍 형상 같은 것이 있더라 나를 데리시고 거기에 이르시니 모양이 놋 같이 빛난 사람 하나가 손에 삼줄과 측량하는 장대를 가지고 문에 서 있더니 그 사람이 내게 이르되 인자야 내가 네게 보이는 그것을 눈으로 보고 귀로 들으며 네 마음으로 생각할지어다 내가 이것을 네게 보이려고 이리로 데리고 왔나니 너는 본 것을 다 이스라엘 족속에게 전할지어다 하더라(겔 40:1-4).

하나님께서 에스겔에게 환상으로 보여 주신 말씀입니다. 환상은 현실이 아닙니다. 사람의 지식이 아닙니다. 이는 하나님이 보여 주는 영적인 현상입니다. 그리스도인의 영적인 미래는 나의 생각이나 지식에 있지 않습니다. 하나님이 보여 주는 것만이 사실입니다.

성경에 등장하는 많은 사람들이 자기 지식으로 살지 않고 영적인 체험을 통해 새로운 인생을 살았습니다. 모세는 불이 타지 않는 떨기나무에서 하나님의 음성을 들었습니다. 사무엘도 잠을 자다가 성전에서 하나님의 음성을 들었습니다. 바울도 다메섹으로 가는 길에 말에서 떨어져서 주님의 음성을 들었습니다. 이제 우리도 책이나 미디어를 통해 세상 소식을 듣는 것보다 주님으로부터 듣는 말씀과 환상이 더욱 많아지기를 바랍니다.

그리스도인은 주님의 음성을 들어야 합니다. 어떤 아이가 혼자 길에서 울고 있습니다. 그 아이는 엄마가 와야 울음을 그칠 것입니다. 다른 사람들이 어떤 달콤한 이야기를 해도 들리지 않습니다. 오직 자신의 엄마의 소리를 들어야 진정이 됩니다.

우리 안의 영이 길가의 어린아이처럼 울고 있습니다. 우리가 의식하지 못하고 있지만 우리 안의 영이 울고 있습니다. 왜 그리스도인들은 하나님의 말씀을 듣고 은혜를 받을까요? 아버지 하나님의 목소리이기 때문입니다. 그리스도인은 하나님의 음성을 들어야 합니다.

기도의 더 깊은 자리로 나아가야 합니다

그 사람이 손에 줄을 잡고 동쪽으로 나아가며 천 척을 측량한 후에 내게
그 물을 건너게 하시니 물이 발목에 오르더니 다시 천 척을 측량하고 내
게 물을 건너게 하시니 물이 무릎에 오르고 다시 천 척을 측량하고 내게
물을 건너게 하시니 물이 허리에 오르고(겔 47:3-4).

처음에는 발목에, 다음에는 무릎에, 다음에는 허리에, 마지막은
더 이상 걸을 수 없을 정도로 물이 차고 넘쳤습니다. 기도하는 우
리에게는 새로운 체험이 필요한 것이 아닙니다. 더 깊은 만남이
필요합니다. 발목을 담그는 영적인 수준에 있으면서 영적인 세계
를 전부 안다고 말하면 안 됩니다. 발목에서 무릎으로, 무릎에서
허리로, 허리에서 내 몸이 전부 물 위에 떠오른 수준까지 나아가
야 합니다.

이는 포기하지 말아야 할 영적인 자기 싸움입니다. 기도의 자리
에서 1시간을 기도하는 것과 2시간을 기도하는 것이 다릅니다. 그
저 30분 정도 기도하고 아무 감동이 없다고 하면 안 됩니다. 하루
3시간씩 기도하면 성령의 충만한 바다에 들어갈 것입니다. 영적
성장은 절대 저절로 이뤄지지 않습니다. 날마다 더 깊은 곳으로
나아가야 합니다.

에스겔은 더 깊은 물속으로 들어갑니다. 천사의 말씀에 따라 조
금씩 깊은 곳으로 나아갑니다.

우리도 자신의 영적인 수준이 더 깊은 곳으로 나아가기를 원합
니다. 발목에서 무릎으로, 무릎에서 허리로 깊어지는 신앙의 비밀
이 오늘 말씀 속에 있습니다.

점점 앞으로 나아가는 신앙이 있고, 뒤쳐지다 결국에는 발목으
로 후퇴하는 신앙이 있습니다. 발목을 지나가야 무릎이 차고 무릎

을 지나가야 허리에 물이 차는 더 깊은 곳으로 갈 수 있습니다.

그리고 그 길은 날마다 자신을 향한 주님의 말씀에 순종하는 것뿐입니다.

더 깊은 기도는 방법이 다릅니다

다시 천 척을 측량하시니 물이 내가 건너지 못할 강이 된지라 그 물이 가득하여 헤엄칠 만한 물이요 사람이 능히 건너지 못할 강이더라(겔 47:5).

발목이나 무릎, 허리까지 물이 찼을 때는 조금 힘이 들어도 걸을 수 있습니다. 그러나 강물처럼 불어나면 더 이상 걸을 수가 없습니다. 그때부터는 헤엄을 쳐야 합니다.

신앙생활에도 수준이 있습니다. 처음에는 육적인 믿음입니다. 내가 걸어가는 신앙입니다. 그러다가 더 깊어지면 영적인 믿음이 됩니다. 이제는 헤엄을 쳐야 합니다. 내가 걸을 때는 땅을 딛고 가기 때문에 자신이 단단히 서야 합니다. 이러한 육적인 신앙은 자신의 의지와 생각이 중요합니다. 그러나 헤엄을 쳐야 할 때는 몸이 물에 떠야 합니다. 땅에서 발을 떼고 물에 의지해야 합니다. 물에 자신을 맡겨야 합니다. 수영을 해 보면 알겠지만, 힘을 빼고 아무것도 하지 않아야 우리 몸이 물에 뜹니다. 영적인 믿음이란 이와 같습니다. 자신을 내려놓고 성령을 의지하는 것입니다. 강물에서는 걸을 수가 없습니다. 헤엄을 쳐야 합니다.

영적인 믿음의 상태에서는 더 이상 육적인 방법이 불가능합니다. 성령의 임재를 경험하기 위해서는 이 사실을 알아야 합니다.

성령 체험을 위한 첫 번째 깨달음은 인간이 죄인이라는 것입니다. 스스로 걸을 수 없다는 것을 알고 받아들여야 합니다. 발목에서 허리까지 물이 찼을 때는 걸을 수 있습니다. 그러나 더 깊은 수준을 발견하면 스스로 절망합니다. 육적인 노력으로 기도 생활을 이끌어 가려고 하면 힘이 듭니다. 강물에서 걸으려고 하면 죽을 수 있습니다. 자신의 육적인 노력을 내려놓고 성령의 강물에서는 헤엄을 쳐야 합니다.

기도는 내가 하는 것이 아니라 성령이 인도하시는 세계입니다.

오늘의 기도
마음이 어둡고 답답한 날에도 지키시는 주님, 저를 세상 그 누구보다 사랑해 주셔서 감사합니다. 제 눈을 밝히셔서 어떤 마음 상태에서도 언약을 따라 기도의 자리까지 부르신 주님을 바라보게 하소서. 어린아이 같은 마음이 되게 하시어 주님을 의지하게 하소서. 제 심장이 주님만을 위해 뛰게 하셔서 기쁨으로 찬송하게 하소서.

47장 성령의 인도와 동행

행 8:26-36

²⁶ 주의 사자가 빌립에게 말하여 이르되 일어나서 남쪽으로 향하여 예루살렘에서 가사로 내려가는 길까지 가라 하니 그 길은 광야라

²⁷ 일어나 가서 보니 에디오피아 사람 곧 에디오피아 여왕 간다게의 모든 국고를 맡은 관리인 내시가 예배하러 예루살렘에 왔다가

²⁸ 돌아가는데 수레를 타고 선지자 이사야의 글을 읽더라

²⁹ 성령이 빌립더러 이르시되 이 수레로 가까이 나아가라 하시거늘

³⁰ 빌립이 달려가서 선지자 이사야의 글 읽는 것을 듣고 말하되 읽는 것을 깨닫느냐

³¹ 대답하되 지도해 주는 사람이 없으니 어찌 깨달을 수 있느냐 하고 빌립을 청하여 수레에 올라 같이 앉으라 하니라

³² 읽는 성경 구절은 이것이니 일렀으되 그가 도살자에게로 가는 양과 같이 끌려갔고 털 깎는 자 앞에 있는 어린 양이 조용함과 같이 그의 입을 열지 아니하였도다

³³ 그가 굴욕을 당했을 때 공정한 재판도 받지 못하였으니 누가 그의 세대를 말하리요 그의 생명이 땅에서 빼앗김이로다 하였거늘

³⁴ 그 내시가 빌립에게 말하되 청컨대 내가 묻노니 선지자가 이 말한 것이 누구를 가리킴이냐 자기를 가리킴이냐 타인을 가리킴이냐

³⁵ 빌립이 입을 열어 이 글에서 시작하여 예수를 가르쳐 복음을 전하니

³⁶ 길 가다가 물 있는 곳에 이르러 그 내시가 말하되 보라 물이 있으니 내가 세례를 받음에 무슨 거리낌이 있느냐

성령의 인도와 동행

::   빌립을 통해 에디오피아의 내시가 복음을 듣고 구원을 받으면서 복음이 아프리카로 전해집니다. 그 경위가 사도행전 8장에 잘 나와 있습니다. 주님은 일찍이 제자들에게 "오직 성령이 너희에게 임하시면 너희가 권능을 받고 예루살렘과 온 유대와 사마리아와 땅끝까지 이르러 내 증인이 되리라"(행 1:8)고 약속하셨습니다. 그 말씀이 이루어지고 있습니다.

모든 과정이 성령의 인도하심으로 이루어집니다. 빌립이 에디오피아의 내시를 만나는 과정을 보십시오. 오직 성령의 음성을 듣고 순종함으로 일이 진행됩니다.

주의 사자가 빌립에게 말하여 이르되 일어나서 남쪽으로 향하여 예루살렘에서 가사로 내려가는 길까지 가라 하니 그 길은 광야라 (행 8:26).

빌립이 가야 할 곳은 최소한 3일 걸리는 거리입니다. 그러나 빌립은 묵묵히 순종합니다.

성령이 빌립더러 이르시되 이 수레로 가까이 나아가라 하시거늘(행 8:29).

빌립은 오직 성령이 자기에게 하시는 말씀에 순종하여 하나님의 계획을 이룹니다.

주님의 일은 성령을 통해 알 수 있습니다

주의 사자가 빌립에게 말하여 이르되 일어나서 남쪽으로 향하여 예루살렘에서 가사로 내려가는 길까지 가라 하니 그 길은 광야라(행 8:26).
성령이 빌립더러 이르시되 이 수레로 가까이 나아가라 하시거늘(행 8:29).

빌립은 오직 성령의 음성을 듣고 순종했습니다. 순종할 때마다 주님의 계획이 이루어졌습니다. 주님은 제자들에게 복음이 땅끝까지 전파될 것이라고 말씀하셨습니다. 그 약속이 언제 어떻게 이루어지는지에 대하여 순간순간 말씀으로 인도하십니다.
빌립은 성령의 음성을 들었기 때문에 순종하고 내시에게 복음을 전합니다.

가이사랴에 고넬료라 하는 사람이 있으니 이달리야 부대라 하는 군대의 백부장이라 그가 경건하여 온 집안과 더불어 하나님을 경외하며 백성을 많이 구제하고 하나님께 항상 기도하더니 하루는 제 구 시쯤 되어 환상 중에 밝히 보매 하나님의 사자가 들어와 이르되 고넬료야 하니 고넬료가 주목하여 보고 두려워 이르되 주여 무슨 일이니이까 천사가 이르되 네 기도와 구제가 하나님 앞에 상달되어 기억하신 바가 되었으니 네가 지금 사람들을 욥바에 보내어 베드로라 하는 시몬을 청하라(행 10:1-5).

고넬료에게도 성령이 말씀하셨습니다. 가이사랴에 베드로를 초청하여 말씀을 전하도록 청하라고 하셨습니다. 고넬료가 순종하여 베드로를 청하여 말씀을 들을 때에 이방인들에게도 성령이 임하였습니다. 성령에 순종하면 성령이 역사합니다.

베드로가 이 말을 할 때에 성령이 말씀 듣는 모든 사람에게 내려오시니 베드로와 함께 온 할례 받은 신자들이 이방인들에게도 성령 부어 주심으로 말미암아 놀라니(행 10:44-45).

성령의 인도는 하나님의 계획 안에 있습니다

일어나 가서 보니 에디오피아 사람 곧 에디오피아 여왕 간다게의 모든 국고를 맡은 관리인 내시가 예배하러 예루살렘에 왔다가 돌아가는데 수레를 타고 선지자 이사야의 글을 읽더라(행8:27-28).

다시 빌립으로 돌아가 봅니다. 빌립은 광야로 나갈 이유가 없었습니다. 그러나 성령의 인도를 따라 광야로 가자 그곳에 에디오피아 사람 간다게의 국고를 맡은 관리인 내시가 지나가고 있었습니다. 그는 이사야 말씀을 읽고 있는 중이었습니다. 짜여진 퍼즐처럼 놀랍게 하나님의 계획이 이루어집니다. 성령의 인도는 모두 하나님의 계획 안에 있습니다.

성령의 인도를 받으면 성령이 동행합니다

성령이 빌립더러 이르시되 이 수레로 가까이 나아가라 하시거늘(행 8:29).

빌립이 성령의 인도를 받아 광야 길로 나갔습니다. 지나가는 마차를 보았습니다. 성령이 말하기를 "마차 가까이 가라"고 하였습니다. 마차 가까이 가서 보니 그 사람이 선지자 이사야의 글을 읽고 있었습니다. 그래서 빌립은 복음을 전하고 세례를 베풀었습니다.

성령의 인도를 받으면 성령은 계속해서 동행하십니다.

이것이 영적인 세계의 신비입니다. 기도는 이러한 영적인 세계의 언어입니다. 기도가 깊어지면 영적인 능력도 자랍니다. 기도를 많이 하고 오래하면 그만큼 성령의 능력을 충만히 누립니다. 성령의 인도를 받고 성령과 동행하는 삶을 살 수 있습니다.

오늘의 기도

말씀이 육신 되어 제 안에 오신 주님을 찬양합니다. 하나님의 말씀이 저를 구원합니다. 하나님의 말씀은 완전하고 온전합니다. 하나님의 말씀이 처음이요 마지막입니다. 하나님의 말씀이 기쁨이고 능력이며 소망입니다. 말씀이 저를 지킵니다. 말씀이 저를 치유합니다. 말씀이 제 길의 빛이요 제 발의 등불입니다.

48장 기적과 기도

왕하 2:19-22

¹⁹ 그 성읍 사람들이 엘리사에게 말하되 우리 주인께서 보시는 바와 같이 이 성읍의 위치는 좋으나 물이 나쁘므로 토산이 익지 못하고 떨어지나이다

²⁰ 엘리사가 이르되 새 그릇에 소금을 담아 내게로 가져오라 하매 곧 가져온지라

²¹ 엘리사가 물 근원으로 나아가서 소금을 그 가운데에 던지며 이르되 여호와의 말씀이 내가 이 물을 고쳤으니 이로부터 다시는 죽음이나 열매 맺지 못함이 없을지니라 하셨느니라 하니

²² 그 물이 엘리사가 한 말과 같이 고쳐져서 오늘에 이르렀더라

48장 기적과 기도

::   엘리사가 여리고에 갔을 때 그 성읍 사람들이 말합니다.

"선지자님! 여리고 이곳은 위치는 좋으나 물이 나쁩니다. 그래서 이곳 농산물들은 제대로 열매를 맺지 못합니다."

여리고는 아름다운 곳에 있었지만 그 지역의 과실들이 열매를 맺지 못하였습니다. 물이 좋지 않았기 때문입니다. 보통 어느 지역의 물이 나쁘면 사람들은 그 지역을 떠나 물 좋은 다른 곳을 찾습니다. 우리는 보통, 다니던 약수터의 수질이 나빠지면 수질 좋은 약수터를 찾아 나서지 그 약수터 물이 좋아지기를 기도하지는 않을 것입니다. 사실 물을 바꿀 수 있다고는 생각을 못합니다. 차라리 사는 곳을 옮기는 것이 현실적입니다. 그러나 엘리사는 그 물을 변화시키는 기적을 일으킵니다.

"새 그릇에 소금을 담아 가지고 와라." 엘리사는 물 근원으로 나아갔습니다. 물이 솟아오르는 곳으로 갔습니다. 소금을 물속으로 던지며 선포하였습니다. 그러자 물이 좋아지는 기적이 일어났습니다. 믿음은 기적을 일으키는 능력입니다.

우리 삶도 마찬가지입니다. 사는 곳을 바꾸어야 하는 게 아니라 그곳에 사는 내 믿음을 바꾸어야 합니다. 믿음이 새로워지면 하나님이 역사하십니다. 문제를 두려워하지 말고 문제보다 더 큰 믿음을 구하십시오. 기적은 우리의 문제를 완전히 해결합니다.

기적은 근원을 바꾸는 것입니다

엘리사가 물 근원으로 나아가서 소금을 그 가운데에 던지며(왕하 2:21).

엘리사는 물의 근원으로 나아가서 소금을 던졌습니다. 그 후부터 여리고 물이 좋아졌습니다. 물이 깨끗하게 되었습니다. 계속해서 새로운 물이 흘러나오는데 그 물도 깨끗한 물입니다. 하나님께서 그 샘의 모든 물을 이미 완전하게 바꾸셨습니다. 하나님의 기적은 근원을 완전하게 바꿉니다.

앞서 살펴봤던 열왕기상 17장에서 사르밧의 과부에게는 양식이 한 끼밖에 없었습니다. 그런데 하나님께서 기적을 행하시자 뒤주의 밀가루와 병의 기름이 마르지 않았습니다. 하나님께서 그 집안에 복을 내리시자 사르밧의 과부는 평생 동안 참으로 완전한 복을 누립니다.

세상이 주는 복은 일시적이고 불완전하지만 하나님의 기적은 완전합니다. 그리스도인이라면 하나님의 기적을 누리며 살아가야 합니다.

기적은 영원히 새롭게 하는 것입니다

그 물이 엘리사가 한 말과 같이 고쳐져서 오늘에 이르렀더라(왕하 2:22).

엘리사 때에 깨끗해진 물은 그 뒤로도 계속 깨끗하여 "오늘에 이르렀"습니다. 엘리사가 활동하던 시대는 주전 860년경입니다. 열왕기서를 기록할 때의 '오늘'은 주전 560년경입니다. 300년이 지났는데 그때까지 물이 깨끗합니다. 하나님의 기적은 일시적인 현상이 아닙니다.

보이는 땅을 내가 너와 네 자손에게 주리니 영원히 이르리라(창 13:15).

이삭은 아브라함 덕분에 복을 받습니다. 아브라함 대에 시작된 하나님의 기적은 자손 대대로 이어집니다.

그 밤에 여호와께서 그에게 나타나 이르시되 나는 네 아버지 아브라함의 하나님이니 두려워하지 말라 내 종 아브라함을 위하여 내가 너와 함께 있어 네게 복을 주어 네 자손이 번성하게 하리라 하신지라(창 26:24).

하나님의 기적은 영원합니다.

기적은 말씀을 믿고 따르는 것입니다

엘리사가 물 근원으로 나아가서 소금을 그 가운데에 던지며 이르되 여호와의 말씀이 내가 이 물을 고쳤으니 이로부터 다시는 죽음이나 열매 맺지 못함이 없을지니라 하셨느니라 하니 (왕하 2:21).

말씀을 가만히 보면 소금을 뿌려서 물이 깨끗하게 된 것이 아닙니다. 소금을 뿌릴 때에 이미 물은 깨끗해졌습니다. "여호와의 말씀이 내가 이 물을 고쳤으니"라고 말합니다. 물은 이미 주님께서 깨끗하게 고쳐 놓았습니다. 주님께서 깨끗하게 고쳐 놓은 것을 믿고 이 물을 마시라는 것입니다. 왜 소금이 필요합니까?

사실 물의 치료 방법으로 소금을 사용하는 것은 어리석은 행동입니다. 물에서 소금기를 빼야 좋은 물이 되기 때문입니다. 그러나 엘리사는 오로지 하나님의 능력을 신뢰하고 소금을 그 가운데에 던졌습니다.

네 모든 소제물에 소금을 치라 네 하나님의 언약의 소금을 네 소제에 빼지 못할지니 네 모든 예물에 소금을 드릴지니라 (레 2:13).

예로부터 소금은 부패를 방지하는 방부제 역할을 합니다. 하나님께 드리는 제물은 부패하지 않고 정결해야 하기에 소금이 필수였습니다.

요한복음 4장을 보면 가버나움에 사는 왕의 신하가 가나에 계신 예수님을 찾아가서 아들을 살려 달라고 부탁합니다. 주님께서 "가라 네 아들이 살아 있다" 하시니 그 사람이 예수께서 하신 말씀을 믿고 갑니다 (요 4:50). 바로 그 시각에 아들이 나았습니다.

주님의 말씀을 믿고 따르면 기적이 일어납니다.

오늘의 기도
모든 시간 속에 저를 축복하신 주님을 찬양합니다. 살아온 모든 날들이 은혜요 살아갈 날들이 감사와 찬양이 되게 하소서. 힘겨운 시간은 성장을 위한 숙제였고 생의 위기는 주님을 만나는 은총의 기회였습니다. 역경을 통하여 제 믿음은 성장하였고 그 믿음으로 감사의 노래를 되찾았습니다. 생의 모든 날들이 오직 주님 안에 있게 하소서.

기적의
영적 원리

삿 7:15-23

15 기드온이 그 꿈과 해몽하는 말을 듣고 경배하며 이스라엘 진영으로 돌아와 이르되 일어나라 여호와께서 미디안과 그 모든 진영을 너희 손에 넘겨주셨느니라 하고

16 삼백 명을 세 대로 나누어 각 손에 나팔과 빈 항아리를 들리고 항아리 안에는 횃불을 감추게 하고

17 그들에게 이르되 너희는 나만 보고 내가 하는 대로 하되 내가 그 진영 근처에 이르러서 내가 하는 대로 너희도 그리하여

18 나와 나를 따르는 자가 다 나팔을 불거든 너희도 모든 진영 주위에서 나팔을 불며 이르기를 여호와를 위하라, 기드온을 위하라 하라 하니라

19 기드온과 그와 함께 한 백 명이 이경 초에 진영 근처에 이른즉 바로 파수꾼들을 교대한 때라 그들이 나팔을 불며 손에 가졌던 항아리를 부수니라

20 세 대가 나팔을 불며 항아리를 부수고 왼손에 횃불을 들고 오른손에 나팔을 들어 불며 외쳐 이르되 여호와와 기드온의 칼이다 하고

21 각기 제자리에 서서 그 진영을 에워싸매 그 온 진영의 군사들이 뛰고 부르짖으며 도망하였는데

22 삼백 명이 나팔을 불 때에 여호와께서 그 온 진영에서 친구끼리 칼로 치게 하시므로 적군이 도망하여 스레라의 벧 싯다에 이르고 또 답밧에 가까운 아벨므홀라의 경계에 이르렀으며

23 이스라엘 사람들은 납달리와 아셀과 온 므낫세에서부터 부름을 받고 미디안을 추격하였더라

49장 기적의 영적 원리

::   이스라엘이 미디안으로부터 7년 동안 종살이를 했을 때입니다. 하나님이 기드온을 불러 미디안과 전쟁을 하라고 합니다. 그런데 전쟁의 방법이 이상합니다. 기드온의 군대는 3백 명뿐인 데다 무기가 나팔과 빈 항아리입니다. 어떻게 나팔과 항아리로 전쟁을 이깁니까?

> 삼백 명이 나팔을 불 때에 여호와께서 그 온 진영에서 친구끼리 칼로 치게 하시므로 적군이 도망하여 스레라의 벧 싯다에 이르고 또 답밧에 가까운 아벨므홀라의 경계에 이르렀으며(삿 7:22).

하나님께서 행하시니 놀라운 일이 일어납니다. 전쟁은 하나님이 이기게 하십니다. 하나님의 방법은 기적입니다. 기적에는 영적인 원리가 있습니다.

기적은 하나님이 먼저 정하신 것입니다

기드온이 그 꿈과 해몽하는 말을 듣고 경배하며 이스라엘 진영으로 돌
아와 이르되 일어나라 여호와께서 미디안과 그 모든 진영을 너희 손에
넘겨주셨느니라 하고(삿 7:15).

기적은 하나님이 먼저 정하신 것입니다. 그리스도인은 정하신
하나님의 뜻이 이루어지도록 순종하는 사람들입니다. 그러므로
그리스도인은 하나님의 뜻을 아는 것이 가장 중요합니다. 하나님
이 무엇을 하시려고 하는지를 알아야 합니다.

여호와께서 기드온에게 이르시되 내가 이 물을 핥아 먹은 삼백 명으로
너희를 구원하며 미디안을 네 손에 넘겨주리니 남은 백성은 각각 자기
의 처소로 돌아갈 것이니라 하시니(삿 7:7).
그 밤에 여호와께서 기드온에게 이르시되 일어나 진영으로 내려가라 내
가 그것을 네 손에 넘겨주었느니라(삿 7:9).
그의 친구가 대답하여 이르되 이는 다른 것이 아니라 이스라엘 사람 요
아스의 아들 기드온의 칼이라 하나님이 미디안과 그 모든 진영을 그의
손에 넘겨주셨느니라 하더라(삿 7:14).

하나님의 전쟁 방법은 인간적으로 볼 때 어처구니가 없습니다.
군사 300명만 데리고 나팔과 항아리로 전쟁을 하라는 것은 이기
는 방법이 아닙니다. 그러나 하나님은 이런 방법을 하면 이긴다고
말씀하시는 게 아닙니다. 이미 하나님께서 이기셨기 때문에 너희
들은 할 것이 없다는 말씀입니다. 우리가 기도하면 응답해 주시는
것이 아니라 하나님이 이미 이루셨기 때문에 믿기만 하면 되는 것
입니다. 이렇게 하면 이긴다는 것이 아니라 하나님이 이미 이겼기

때문에 너희들이 할 것이 없다는 것입니다. 기도는 믿음대로 응답 받습니다.

> 여호와께서 여호수아에게 이르시되 보라 내가 여리고와 그 왕과 용사들을 네 손에 넘겨주었으니 (수 6:2).

여리고 성도 하나님이 먼저 넘겨주셨습니다. 그리스도인은 하나님이 먼저 이긴 싸움을 따라갈 뿐입니다. 무언가를 기도하라는 말씀은 먼저 응답이 준비되어 있기 때문이고, 누군가를 전도하라는 말씀은 이미 구원받을 사람이 있기 때문입니다. 주님이 베드로에게 깊은 곳에 그물을 내리라는 것은 이미 주님이 물고기를 잡아두었다는 말씀입니다.

그리스도인에게 하나님은 이미 축복을 주셨습니다. 믿고 누리면 됩니다.

기적은 하나님이 역사하시는 것을 믿어야 합니다

> 삼백 명을 세 대로 나누어 각 손에 나팔과 빈 항아리를 들리고 항아리 안에는 횃불을 감추게 하고 (삿 7:16).
> 기드온과 그와 함께 한 백 명이 이경 초에 진영 근처에 이른즉 바로 파수꾼들을 교대한 때라 그들이 나팔을 불며 손에 가졌던 항아리를 부수니라 (삿 7:19).

원래 이스라엘의 군사가 3만 2천 명인데 기드온은 3백 명만 데리고 갑니다. 칼과 창으로 무장하지 않고 나팔과 빈 항아리를 들고 갑니다. 하나님의 지시는 방법이 아니라 오히려 방법을 포기하는 것입니다. 오직 전쟁은 하나님이 하실 것임을 믿는 것입니다.

> 여호와께서 기드온에게 이르시되 너를 따르는 백성이 너무 많은즉 내
> 가 그들의 손에 미디안 사람을 넘겨주지 아니하리니 이는 이스라엘이
> 나를 거슬러 스스로 자랑하기를 내 손이 나를 구원하였다 할까 함이니
> 라(삿 7:2).

기도는 어떤 일을 이루는 수단이 아닙니다. 하나님 앞에 머무는 것입니다. 하나님이 역사하시는 것을 믿는 자리입니다. 그럴 때 기적이 일어납니다.

기적은 하나님을 믿고 순종해야 합니다

> 세 대가 나팔을 불며 항아리를 부수고 왼손에 횃불을 들고 오른손에 나
> 팔을 들어 불며 외쳐 이르되 여호와와 기드온의 칼이다 하고 각기 제자
> 리에 서서 그 진영을 에워싸매 그 온 진영의 군사들이 뛰고 부르짖으며
> 도망하였는데(삿 7:20-21).

전쟁을 하는 군인은 칼과 창을 준비하는 게 기본입니다. 그런데 기드온은 군사들에게 나팔과 항아리와 횃불을 준비하라고 합니다. 기드온과 군사들은 오직 하나님의 말씀을 믿고 순종했습니다. 믿음은 생각이나 마음이 아니라 행동입니다. 순종입니다. 그렇게 사는 것입니다.

나팔을 불고 빈 항아리를 깨뜨립니다. 그러자 적들이 아우성을

치며 달아납니다. 적들이 자기들끼리 칼로 칩니다. 어떻게 이런 일이 가능합니까?

> 삼백 명이 나팔을 불 때에 여호와께서 그 온 진영에서 친구끼리 칼로 치
> 게 하시므로 적군이 도망하여 스레라의 벧 싯다에 이르고 또 답밧에 가
> 까운 아벨므홀라의 경계에 이르렀으며 (삿 7:22).

기드온의 군대들이 소리치며 나팔을 불고 빈 항아리를 깨뜨리자 주님이 적들의 마음속에 두려움을 주었습니다. 주님이 일으키는 기적의 주체는 주님이십니다. 주님이 직접 행하십니다.

이스라엘 군대는 미디안과 싸우는 것이 아니라 하나님 앞에 믿음의 싸움을 하였습니다. 그리스도인은 믿음의 싸움에서 승리해야 합니다. 세상과 사람을 붙들고 싸우지 말고 자신이 먼저 하나님 앞에 바로 서면 됩니다. 하나님의 말씀을 믿고 순종하면 하나님이 기적을 행하십니다.

오늘의 기도
제 영이 하나님을 향해 열리게 하시고, 경건에 눈뜨게 해 주심을 찬양합니다. 제 안에 주님의 생명수가 흐르게 하사 어두운 영혼이 밝아지게 하소서. 땅에 속하였으나 하늘을 바라보게 하시고, 이 땅에 매여 있지만 영원한 나라를 소망하게 하소서. 광야 같은 삶 속에서 말씀의 구름 기둥과 불기둥으로 인도하여 주소서.

50장 사도행전의 기도

행 2:14-18

¹⁴ 베드로가 열한 사도와 함께 서서 소리를 높여 이르되 유대인들과 예
루살렘에 사는 모든 사람들아 이 일을 너희로 알게 할 것이니 내 말
에 귀를 기울이라

¹⁵ 때가 제 삼 시니 너희 생각과 같이 이 사람들이 취한 것이 아니라

¹⁶ 이는 곧 선지자 요엘을 통하여 말씀하신 것이니 일렀으되

¹⁷ 하나님이 말씀하시기를 말세에 내가 내 영을 모든 육체에 부어 주리
니 너희의 자녀들은 예언할 것이요 너희의 젊은이들은 환상을 보고
너희의 늙은이들은 꿈을 꾸리라

¹⁸ 그때에 내가 내 영을 내 남종과 여종들에게 부어 주리니 그들이 예언
할 것이요

50장 사도행전의 기도

::   초대교회 마가의 다락방에서 기도하던 120명의 무리들에게 오순절에 성령이 임하였습니다. 성령이 임하자 그들은 방언하며 기도했습니다. 사람들은 술에 취하였다고 조롱하였습니다. 이에 대해 베드로가 이 일은 오직 성경에 예언된 대로 주님의 영이 임하여 이루어진 일이라고 증거합니다.

초대교회를 일으킨 사도행전의 기도는 이렇게 강력한 성령의 임재가 있었습니다. 예언하고 환상을 보고 꿈을 꾸는 역사가 일어났습니다. 사도행전의 기도는 육을 초월한 영적인 역사가 일어나는 기도였습니다.

사도행전의 기도는 주님의 천사가 역사하였습니다

이에 베드로는 옥에 갇혔고 교회는 그를 위하여 간절히 하나님께 기도하더라 헤롯이 잡아내려고 하는 그 전날 밤에 베드로가 두 군인 틈에서 두 쇠사슬에 매여 누워 자는데 파수꾼들이 문 밖에서 옥을 지키더니 홀연히 주의 사자가 나타나매 옥중에 광채가 빛나며 또 베드로의 옆구리를 쳐 깨워 이르되 급히 일어나라 하니 쇠사슬이 그 손에서 벗어지더라 천사가 이르되 띠를 띠고 신을 신으라 하거늘 베드로가 그대로 하니 천사가 또 이르되 겉옷을 입고 따라오라 한대 베드로가 나와서 따라갈새 천사가 하는 것이 생시인 줄 알지 못하고 환상을 보는가 하니라(행 12:5-9).

예루살렘 교회의 사도 베드로가 감옥에 갇혔을 때 일입니다. 교회 성도들이 베드로를 위해 간절히 기도하였습니다. 성도들이 기도하자 주의 천사가 감옥에서 베드로를 구출하는 기적이 일어납니다. 헤롯 왕이 군대를 앞세워 감옥에 가두었지만 주님은 천사를 통해 역사하십니다. 사도행전의 기도는 주의 천사가 역사하는 기도였습니다.

사도행전의 기도는 예언을 하였습니다

나 요한은 너희 형제요 예수의 환난과 나라와 참음에 동참하는 자라 하나님의 말씀과 예수를 증언하였음으로 말미암아 밧모라 하는 섬에 있었더니 주의 날에 내가 성령에 감동되어 내 뒤에서 나는 나팔 소리 같은 큰 음성을 들으니 이르되 네가 보는 것을 두루마리에 써서 에베소, 서머나, 버가모, 두아디라, 사데, 빌라델비아, 라오디게아 등 일곱 교회에 보내라 하시기로 몸을 돌이켜 나에게 말한 음성을 알아보려고 돌이킬 때에 일곱 금 촛대를 보았는데 촛대 사이에 인자 같은 이가 발에 끌리는 옷을 입고 가슴에 금띠를 띠고 그의 머리와 털의 희기가 흰 양털 같고 눈 같으며 그의 눈은 불꽃같고 그의 발은 풀무불에 단련한 빛난 주석 같고 그의 음성은 많은 물 소리와 같으며 그의 오른손에 일곱 별이 있고 그의 입에서 좌우에 날선 검이 나오고 그 얼굴은 해가 힘 있게 비치는 것 같더라(계 1:9-16).

요한계시록은 예수님의 제자 사도 요한이 밧모섬에 유배되어 하나님의 계시의 말씀을 듣고 기록한 예언서입니다.

로마제국 시대에 밧모섬은 정치, 종교의 중범죄자들 특히 기독교인들의 유배지였는데 한번 들어가면 살아 나오기 힘든 죽음의 섬이었습니다. 예수의 제자 중 유일하게 순교하지 않은 사도 요한은 도미시안 황제 때(AD 95년 경), 이 섬에 유배를 와서 약 18개월 간 살다가 도미시안 황제가 죽고 기독교의 탄압이 완화된 후 석방되어 에베소로 귀향하였습니다.

밧모섬의 산 중턱에는 사도 요한이 계시를 받았다고 하는 '계시의 동굴'이 있습니다. 극심한 박해로 기독교가 어둡고 암울한 시대를 보내고 있을 때 사도 요한은 이곳 망망대해의 작은 섬, 사망의 음침한 골짜기인 밧모섬에 끌려와 유배 생활을 했습니다. 95세의 노구를 이끌고 낮에는 중노동을 하고 밤과 새벽에는 동굴에 엎드려 하나님께 기도했습니다. 사도 요한은 눈이 어두워 그의 제자인 브로고로 집사가 계시의 내용을 대필했다고 전해집니다. 브로고로 집사는 예루살렘 교회의 초대 일곱 집사 중 한 사람으로서 믿음과 성령이 충만한 사람이었습니다(행 6:5).

주님은 당신의 종 요한에게 성령의 감동으로 계시의 말씀과 함께 장차 일어날 일들을 보여 주심으로써 인류의 미래가 하나님의 손에 있음을 알게 하셨습니다.

사도행전의 기도는 하나님의 계시를 받고 예언을 하는 기도였습니다. 믿음의 사람들은 좁고 어두운 동굴에 갇혀도 하나님께서 더 넓고 먼 날들을 보게 하십니다. 육은 어두워져도 영은 더욱 밝아집니다.

사도행전의 기도는 환상을 보았습니다

무익하나마 내가 부득불 자랑하노니 주의 환상과 계시를 말하리라 내가 그리스도 안에 있는 한 사람을 아노니 그는 십사 년 전에 셋째 하늘에 이끌려 간 자라 (그가 몸 안에 있었는지 몸 밖에 있었는지 나는 모르거니와 하나님은 아시느니라) 내가 이런 사람을 아노니 (그가 몸 안에 있었는지 몸 밖에 있었는지 나는 모르거니와 하나님은 아시느니라) 그가 낙원으로 이끌려 가서 말로 표현할 수 없는 말을 들었으니 사람이 가히 이르지 못할 말이로다(고후 12:1-4).

바울이 주의 환상과 계시를 말하는 내용인데 십사 년 전에 셋째 하늘로 갔다고 증언합니다. 이상하게 그가 본 '그'는 바울 자신인데 '그'라고 표현합니다. 이는 곧 몸 안에 있는지 몸 밖에 있는지 모른다는 말입니다. 또한 바울은 낙원으로 이끌려 가서 말로 표현할 수 없는 말을 들었다고 증언합니다. 영적 세계를 깊이 체험했음을 고백합니다.

여기서 1층천은 세상의 하늘, 곧 대기권의 하늘을 의미합니다. 2층천은 대기권을 벗어나 더 위쪽에 영이 지배하고 있는 하늘의 의미로 중간하늘이라고 말합니다. 3층천은 영원한 하늘, 초월적 개념의 하늘, 하나님만 온전히 존재하고 계신 하늘로, 하늘 위의 하늘을 의미합니다. 사실 문자적으로는 여러 가지 해석이 가능합니다. 하지만 분명한 사실은 영적인 다른 차원들이 존재한다는 사실입니다.

사도행전의 기도는 하늘 위의 하늘에 대한 환상까지 보게 하였습니다. 많은 그리스도인들이 더 깊은 기도로 나아가 더 깊은 영적 세계를 경험하는 자리까지 이르기를 바랍니다.

사도행전의 기도는 표적이 나타났습니다

우리가 기도하는 곳에 가다가 점치는 귀신 들린 여종 하나를 만나니 점으로 그 주인들에게 큰 이익을 주는 자라 그가 바울과 우리를 따라와 소리 질러 이르되 이 사람들은 지극히 높은 하나님의 종으로서 구원의 길을 너희에게 전하는 자라 하며 이같이 여러 날을 하는지라 바울이 심히 괴로워하여 돌이켜 그 귀신에게 이르되 예수 그리스도의 이름으로 내가 네게 명하노니 그에게서 나오라 하니 귀신이 즉시 나오니라 (행 16:16-18).

사도 바울이 빌립보에서 복음을 전하다가 귀신 들려 점을 치는 여종을 만났습니다. 바울이 그 여인에게 귀신에게 떠나가라고 명령하여 기도하자 귀신이 나갔습니다. 초대교회는 귀신이 물러가는 표적이 나타났습니다.

믿는 자들에게는 이런 표적이 따르리니 곧 그들이 내 이름으로 귀신을 쫓아내며 새 방언을 말하며 뱀을 집어올리며 무슨 독을 마실지라도 해를 받지 아니하며 병든 사람에게 손을 얹은즉 나으리라 하시더라 (막 16:17-18).

오늘날에는 예언하고 환상을 보고 꿈을 꾸는 역사를 잊고 사는 그리스도인들이 많습니다. 아주 오래전에 일어난 옛날이야기처럼 느끼는 이들도 있을 것입니다. 그러나 하나님께서 역사하시면 오늘날에도 일어날 수 있는 기적들이 많습니다.

하나님은 우리의 무릎을, 우리의 순종을 기다리고 계십니다. 더 깊은 기도로 나아가 더 깊은 영적 세계를 경험하시기 바랍니다. 하나님과 더 깊게 만나시기 바랍니다. 육적인 한계를 넘어, 우리의 본능을 넘어 일하시는 하나님을 경험하시기 바랍니다. 사도행전의 기도를 날마다 삶 속에서 경험하는 기도의 사람이 되시기 바랍니다.

오늘의 기도

50일 기도의 긴 여정을 은혜로 인도하신 주님을 찬양합니다. 기도가 축복이요 답이요 능력이요 영광이며 기쁨임을 고백합니다. 기도로 세상을 이기게 하소서. 제 안에 그리스도께서 사시도록 욕망을 십자가에 못 박게 하소서. 주님 외에는 아무것도 보지 않고, 늘 주님 안에 있음을 잊지 않게 하소서. 주님을 사랑하고 찬양합니다.